FILLE DE RÉVOLUTIONNAIRES

Née en 1976 de mère vénézuélienne et de père français, Laurence Debray a grandi en France et en Espagne. Elle a travaillé dans la finance avant de renouer avec l'Histoire contemporaine et de publier une biographie, *Juan Carlos d'Espagne*. Spécialiste du monde hispanique, elle collabore régulièrement à *Paris Match* et *Point de vue*.

LAURENCE DEBRAY

Fille de révolutionnaires

STOCK

© Éditions Stock, 2017.
ISBN : 978-2-253-09173-8 – 1re publication LGF

À mes enfants, Roxane et Samuel

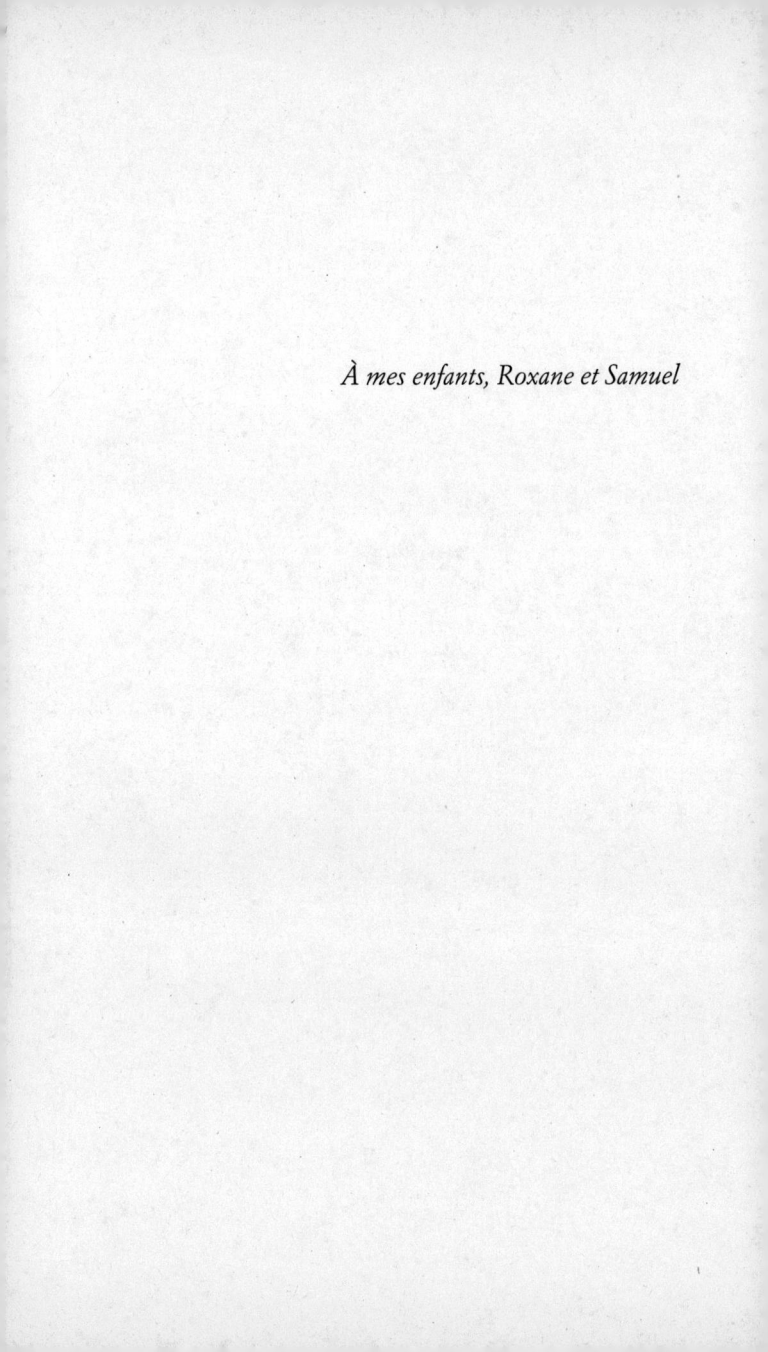

*Plus on aime quelqu'un, moins il faut qu'on le flatte ;
À ne rien pardonner, le pur amour éclate.*

Molière, *Le Misanthrope.*

I

L'émancipation

Je n'ai longtemps pas voulu savoir. On me l'avait caché; c'était leur histoire; à quoi bon fouiller dans le passé ? Moins je savais et plus je me protégeais. Trop lourd à porter, trop encombrant. J'avais mon enfance à vivre, une vie à construire : je préférais avancer. Et j'ai avancé dans la vie en laissant «ça» de côté, sur le bord de la route.

Au Venezuela, j'essayais de reconstituer le puzzle de ma famille maternelle. Viscéralement attirée par cette contrée et attachée à cette parenté, j'étais à l'affût de clefs de compréhension. Ma mère n'était pas très éclairante : elle avait fui ses racines et n'avait de cesse de critiquer sa nation natale qui l'avait déçue. Peut-être même trahie. Ma quête, peu explicite et décousue, me permit toutefois de me construire des origines. Je pouvais compter sur la complicité de mes nombreux cousins et la bienveillance de mes oncles et tantes qui, grâce à leur affection fidèle et démonstrative, constituaient un cordon ombilical indestructible entre le Venezuela et moi.

Ce pays était mon éden : le seul endroit sur terre

où je me sentais épanouie. Je me l'étais approprié un peu plus à chaque séjour. L'arrivée de Hugo Chávez au pouvoir en 1999 – engendrant une insécurité alarmante et une dégradation rapide de la situation socio-économique – entrava cette idylle. Cela explique en partie mon antichavisme radical. J'avais suivi de près le jeune militaire putschiste, alors en campagne électorale, et même prédit sa victoire à force d'arpenter les bidonvilles. Un déjeuner chez lui en tête à tête ne m'avait pas rassurée sur le personnage : impossible de ne pas se méfier de ce populiste à l'éloquence enflammée. On pensait alors que le trublion assainirait un système bipartite fatigué après quarante années de stabilité démocratique exceptionnelle. On n'avait pas perçu l'emprise de Fidel Castro sur lui : la révolution bolivarienne deviendra un sous-produit de la révolution cubaine. Voir sa patrie sombrer est aussi douloureux que voir un être aimé s'éteindre. J'ai vécu les deux amèrement.

En France, je baignais, grâce à mes grands-parents paternels, dans une atmosphère bourgeoise et douillette. Ils me racontaient des anecdotes familiales, entre rires et confessions. Tout ce qui était âpre ou douloureux était lissé. Ce monde documenté, illustré par des photos, incarné par des maisons, ponctué par quelques rares réunions de famille, me rassurait. Je pouvais me situer au bout d'un arbre généalogique.

Contrairement à mes parents, dont les propos étaient faits d'ambiguïtés et d'allusions évasives, mes grands-parents répondaient toujours à mes questions avec détail et sérieux. Ils m'inscrivaient dans une histoire, la leur. Mais quand j'abordais la jeunesse de mes parents, je butais contre un mur. Tout devenait alors plus énigmatique : mes grands-parents se montraient réticents, mes parents changeaient de conversation. Mon père avait des souvenirs chancelants. Ma mère, fuyante, prétextait les subtilités complexes de l'époque qui m'empêcheraient de bien comprendre.

Elle n'avait pas tort. Je n'ai jamais rien compris, ni à leur engagement politique, ni à leur vie dissolue. C'étaient mes parents, a fortiori des personnes intimes, mais à mes yeux incernables. Ils étaient – et restent encore – incompréhensibles. Leurs moteurs – à part celui d'avoir la paix pour lire et écrire – demeurent énigmatiques ; leurs bonheurs, inconnus ; leurs angoisses, pléthoriques et existentielles. Leur point commun : un sens de l'analyse aigu et le sentiment d'être mal aimé. Tout être a ses mystères, bien sûr. Parfois le masque tombe et l'autre devient moins impénétrable. Mais ils ne tenaient pas à être déchiffrés. On parlait d'eux dans les médias, je les voyais à la télé, mais à la maison, ils ne révélaient rien, et expliquaient encore moins. Je m'étais conformée à cet état de fait.

Puis j'ai déserté le giron familial. Et plus j'avançais dans la vie, moins ils m'intéressaient. Nous ne partagions ni opinions, ni loisirs, ni rituels familiaux. Fracture générationnelle ou incompatibilité d'humeur ? «Les deux, mon capitaine.» Cette distance convenait à tous. Je gagnais en liberté ce que je perdais en affection. Et ils préservaient leur tranquillité.

Il y a des choses qui nous rattrapent quand on s'y

attend le moins. Lors d'une interview à Madrid, à l'occasion du lancement de ma biographie du roi d'Espagne, Juan Carlos Ier, au moment de son abdication en juin 2014, un jeune et sympathique journaliste me demanda si j'étais bien la fille de l'intellectuel français qu'on accuse d'avoir donné le Che lors de son arrestation en Bolivie. Je le questionnai sur sa source. Wikipedia. Évidemment. Je recentrai la conversation sur « mon » roi puis filai vérifier. En effet, le site web espagnol de cette encyclopédie de référence détaillait les suspicions.

À mon retour à Paris, j'interpellai mon père. Ne pouvait-il pas s'expliquer une fois pour toutes sur ce sujet ? Sans belles périphrases, sans métaphores alambiquées, sans références intelligibles uniquement aux bacs + 8. Juste les événements, sobres et détaillés. Le silence n'aide pas à comprendre. Le mépris pour les diffamations non plus. « Ta mère l'a très bien fait. » Il faisait référence à l'article publié dans *Libération* en 2001, alors que la polémique alimentée par la fille du Che prenait de l'ampleur. Edwy Plenel avait déjà dénoncé ces « calomnies castristes » en une du *Monde*, en 1996. « Mais alors pourquoi ma mère n'est-elle même pas citée dans l'article de Wikipedia ? – Je n'y suis pour rien ! » conclut-il de son air renfrogné habituel. Son ex-femme, son unique témoin et sa mémoire, est sans doute encombrante. Elle détient les clefs du mythe. Comment se construire une légende devant les yeux d'un censeur ? Et comment expliquer à ceux qui vivent dans un autre monde et une autre époque des faits et gestes qui appartiennent à un temps révolu ?

Mon père ne s'occupe que de son œuvre. Le reste, il délègue. Il étudie les différentes formes de transmission, du haut de la médiologie, discipline dont il est le fondateur, mais ne se soucie guère des casseroles qu'il laisse à sa progéniture. « Après moi, le déluge ! » C'est connu, les cordonniers sont les plus mal chaussés. Alors que faire avec ce soupçon qui fait planer une ombre sur mes origines ? Et si j'étais la fille d'un délateur ? Si j'avais vécu jusqu'à présent dans l'imposture ? Un sentiment de malaise me hanta. Et de dégoût, face à tant de lâcheté et d'ambivalence. Tant que les ados, et les éternels ados, arboreront des T-shirts avec l'effigie d'Ernesto Guevara aux quatre coins du monde, l'affaire continuera à être embarrassante… Que raconter à mes enfants quand viendra l'âge de la rébellion et de l'admiration des révolutionnaires ?

En avril 2015, je m'envolai vers Cuba, grâce à *Paris Match*. La destination était devenue à la mode depuis la normalisation des relations avec les États-Unis. Sur place, impossible d'échapper à l'histoire familiale : je passais par hasard devant les lieux où mes parents avaient vécu ; je croisais à l'improviste des amis à eux. Mes souvenirs enfouis se bousculaient. Tiens, j'ai mangé là des glaces délicieuses, d'autant plus délicieuses que je sortais d'un mois d'entraînement dans un camp de pionniers où les gâteries n'étaient pas de mise. En roulant en taxi sur le Malecón, la réminiscence de mon premier concert en plein air, de ce sentiment si rare de plaisir et d'excitation, émergea. Et ce vent chaud qui chatouille le cou et annonce la pluie. Mais un grand désespoir face à la situation sociale du pays finit par m'envahir. Le Che et Fidel Castro ont été sanctifiés mais les véritables héros sont les Cubains qui, avec un sens de l'humour et de la débrouille inégalé, survivent au quotidien. Comment mes parents ont-ils pu adhérer à un tel projet politique, fondé sur la répression, l'exclusion et le pouvoir absolu ? Comment ont-ils pu imaginer qu'une économie élaborée par des fonctionnaires, pouvait être viable ? Toutes les dérives peuvent-elles être justifiées au nom de l'émancipation et de l'égalité ?

Dans les années 60, mes parents étaient jeunes, séduisants, brillants et révolutionnaires... et ils ont tout perdu avec la *revolución*. Ou peut-être est-ce le contraire : ils ont gagné en sagesse – et en notoriété – plus vite que les autres qui ne se sont pas « mouillés », qui sont restés sagement à discuter politique dans les cafés du boulevard Saint-Germain. Pour avoir été trop impliqués, ils furent condamnés à être d'éternels suspects, aux yeux de ceux qui n'y étaient pas, ou qui n'y ont pas cru, et peut-être même aux yeux de l'histoire. Est-ce le revers de la médaille de tout engagement ?

À mon retour de La Havane, on me facilita l'accès aux archives de *Paris Match* : des articles saisissants au style romanesque et des grandes photos en noir et blanc relatent le tragique de la situation de mon père, emprisonné dans une geôle perdue au milieu de la Bolivie. À la vue de ces documents, mon cœur se serre : je suis émue par tant de gravité, par la dignité de mes parents, par la pureté et l'implacabilité de leurs engagements. Je mets ces vieux magazines sous le nez de mon géniteur, vestiges de cette « presse bourgeoise » qu'il a tant fustigée. Il s'enferme dans le mutisme avant de finalement lâcher : « À l'époque, on pouvait écrire de longs reportages. » Est-ce la pudeur qui le pousse à s'emmurer ainsi ? Lors d'interviews, il s'en sort avec : « La prison est une chance formidable : on a le temps de lire et d'écrire. » Mais durant sa détention, il n'a pas toujours eu accès aux livres, ni à la tranquillité de la réflexion. Sa ritournelle enjouée lui permet-elle de conjurer les mauvais souvenirs ? Cette épreuve peut sembler à certains anecdotique, car beaucoup y ont laissé leur peau, mais au regard d'une vie, elle est forcément déterminante.

Un patronyme implique-t-il des valeurs ? La filiation suppose-t-elle des devoirs ? Toute appartenance est une prison ; toute légende est une servitude. « Il nous revient d'approfondir nos appartenances, de les cultiver, de les rendre visibles. Et si le regard d'autrui s'avise de transformer ce cadeau originel en tare, alors il nous faut [...] retourner la honte en fierté », dit Mona Ozouf. Vaste programme... intimidant par son ampleur.

J'ai creusé pour tenter de mieux cerner le parcours de mes parents, ces écorchés, si clairvoyants mais si malhabiles. Pour gagner en indulgence à leur égard. Pour assimiler leur héritage symbolique. Moi qui suis en tout à l'opposé d'eux : une famille stable, une existence sage, rangée et organisée, loin du pouvoir et de l'intelligentsia. Je suis alors tombée sur un écheveau de complexités et de subtilités que j'ai essayé de démêler.

Je ne suis ni témoin, ni spécialiste, ni encore moins

juge. J'ai le privilège de connaître la fin de l'histoire, et d'avoir fréquenté des gens et des lieux qui sont partie prenante de cette aventure romanesque. J'ai l'inconvénient d'être convaincue des ravages de l'engagement politique sur l'existence. De mépriser cet engagement lorsqu'il devient carriériste. Et d'être imperméable à la mystique de la lutte et des lendemains qui chantent. Les idéaux ne me font pas rêver : je suis pragmatique, factuelle, et réaliste.

Lors d'un déménagement, des témoignages de leur passé sont réapparus. Ma grand-mère avait constitué des archives illustrant des parcours animés et foisonnants. Lors d'un cambriolage, j'ai compris que ces preuves étaient fragiles. Ces talismans – photos, notes manuscrites, coupures de presse – pourtant bien conservés, volatils. Il fallut compenser leur disparition, réorganiser ce qui restait, fouiner.

Mon instinct d'historienne me poussa alors sur le chemin des archives. Mais il est plus aisé de mener une recherche sur le roi d'Espagne, alors encore en fonction, que sur les tribulations de mes parents en Amérique latine. Certains dossiers sont fermés jusqu'en 2051 : de quoi alimenter rumeurs et conspirations ! Ma mère, soucieuse de ne pas trahir ses engagements de jeunesse et de protéger mon père – le divorce n'ayant pas entamé sa loyauté –, accepta de répondre à quelques interrogations, entre les cris de mes enfants et les repas qu'elle prépare avec talent.

J'ai finalement compris que je ne pourrai jamais tout comprendre, ni tout savoir. Bien des aspects de leur vie restent opaques. La vérité, selon Mona Ozouf, ne réside «ni dans ce qu'on dit ni dans ce qu'on écrit mais dans ce qu'on fait». Seuls eux connaissent leurs vérités. Qui peut les expliquer à leur place ? Sont-ils des héros ou des renégats ? Des rescapés en tout cas. D'une époque où les stars n'étaient pas les présentateurs de télé ou les joueurs de football mais les intellectuels engagés.

Pourquoi m'avoir exclue de leur histoire ? Voulaient-ils m'épargner le rôle asservissant de gardienne du temple ? Ou était-ce parce que je ne me montrais pas à la hauteur de la légende ? La culpabilité du miraculé les empêchait-elle de se confier ? D'un commun accord, ils ne tenaient pas à me relier à leur passé. J'aime à croire qu'ils voulaient m'en protéger.

J'ai découvert des faits que je n'aurais pas voulu connaître. Le mythe fantasmé vaut parfois mieux que la crue réalité. Quelle idée de mener une enquête sur ses parents, à l'heure où on le devient soi-même ! Ma quête d'identité arrivait un peu tard. Pour me préserver, je les ai considérés comme les héros d'un film d'aventures dont l'histoire, romantique, compliquée, et parfois dramatique, se termine bien, grâce à ma naissance. Même si mon arrivée ponctua le délitement d'un couple et d'un engagement... J'ai avancé sur le fil de la compréhension et de la lucidité, en essayant de ne pas vaciller.

Voilà l'histoire du film, qui conjugue la petite et la grande.

Ma mère vient d'ailleurs, un ailleurs exotique, le Venezuela, où la démesure est loi. Tout y est extrême, la végétation flamboyante – avec sa jungle épaisse de l'Orénoque, ses Andes altières, ses plages de carte postale – comme la société, où les bidonvilles à perte de vue surplombent les quartiers chics et leurs villas luxueuses. La nature a même doté cette terre d'un sous-sol d'une abondance extravagante. Le Venezuela est avant tout un pays pétrolier, le plus riche du continent jusqu'à il y a peu. Cette contrée est assise sur une montagne d'or noir, ce qui fait sa force et sa faiblesse. Ma mère n'appartient pas à la culture du pétrole, américanisée et décomplexée. Elle est issue d'un monde pré-pétrolier, un monde traditionnel qui vivait dans des haciendas, au rythme des saisons et des récoltes de café et de cacao, un monde cultivé et raffiné.

Don Salvador Tortolero s'embarqua en 1630 à Séville pour faire fortune aux Amériques. Le roi d'Espagne lui attribua une propriété dans la région au doux climat montagneux de Carabobo. Il bénéficiait de l'aura d'un patronyme rare, signifiant « celui qui s'occupe des tourterelles », considérées alors comme un oiseau sacré, messager de Dieu. Cette mystique se répercutait sur la famille, consciente de sa valeur et de ses privilèges. Afin d'éviter la parcellisation de leurs terres fertiles, ils se marièrent entre cousins. Parfois, ils s'alliaient avec des familles de négociants de Puerto Cabello, deuxième port du pays. Ils maîtrisaient ainsi tous les maillons de la chaîne, de la semence jusqu'à l'exportation vers l'Europe. Sur leur exploitation, ils établirent des villages pour veiller au bien-être d'une main-d'œuvre dévouée et soumise. Ils menaient une vie douce de propriétaires éclairés.

Certains héritiers ne s'intéressèrent guère aux affaires de la famille et préférèrent s'illustrer dans le domaine de la philosophie et des arts. Carlos Brandt Tortolero fut au début du XXe siècle un libre-penseur qui paya au prix fort ses prises de position en faveur de la liberté d'expression dans son journal, puisqu'il fut emprisonné dans des conditions sordides sous la dictature de Juan Vicente Gómez. De son exil en Europe, il publia entre autres *Le Fondement de la morale*, préfacé par Albert Einstein, avant de devenir, aux États-Unis, docteur en naturopathie et fondateur du mouvement végétarien. Sa correspondance assidue avec Tolstoï, George Bernard Shaw, ou Gabriela Mistral, alimenta sa réflexion, consignée dans une quarantaine d'ouvrages publiés au cours de sa vie. Cet homme grand, à la mine sérieuse, à l'allure aristocratique et à la rigueur d'ascète, fut trop en avance sur son temps et sur son pays pour savourer la gloire et l'estime de ses compatriotes. Ma mère eut la chance de le côtoyer et de l'apprécier, de constater les marques de fers sur ses chevilles, de mesurer son courage et son originalité. Ce n'est qu'après son décès, survenu en 1964, qu'on lui tressa des couronnes et rendit des hommages.

Son frère cadet, Augusto Brandt Tortolero, s'intéressait quant à lui à la musique au point d'être admis en tant que boursier au conservatoire de Bruxelles dont il sortit avec le premier prix. Ce violoniste talentueux ne supporta pas non plus la coupe autoritaire et répressive sous laquelle le pays vivait. Il fuit la dictature pour devenir premier violon puis chef d'orchestre à New York. Il composa surtout des airs romantiques fameux qui lui valurent la célébrité à son retour au Venezuela, en 1935, à la mort du dictateur.

Ma mère avait donc des aïeux illustres, dont elle ne se vanta jamais, ou propriétaires fonciers, attachés à une région mais tournés vers le monde, qui subissaient les aléas politiques mais administraient au mieux leur domaine. Jusqu'à ce que Nestor – le grand-père de ma mère –, qui gérait l'exploitation familiale, décède jeune et brutalement, en 1920, laissant une épouse, María, enceinte et innocente, avec quatre enfants, dont un fils aîné aussi dépensier qu'irresponsable.

María espérait accoucher d'un fils mais elle eut une fille, Néstar, nommée ainsi en souvenir de son défunt mari et qu'elle plaça très vite dans un pensionnat de bonnes sœurs. María pouvait chanter tous les couplets de *La Marseillaise* et tenir une maison avec goût mais elle fut submergée par l'éducation de ses aînés et les tracas qu'engendrait une propriété trop grande pour elle. La belle hacienda de café, tabac et cacao, qui avait permis à trois générations de faire venir de Paris des robes choisies sur catalogue et de boire du champagne français les soirs de fête, fut bizarrement donnée à l'Église. María avait cherché le réconfort dans la religion. Les hommes de foi lui promirent une petite rente en compensation, en plus de la prise en charge de l'instruction de sa cadette, Néstar. Elle avait aussi gagné sa place au ciel. C'est ainsi que fut anéantie l'œuvre d'une dynastie, façonnée depuis deux siècles. Aucun cousin ne put faire valoir ses droits contre l'emprise du clergé ; aucun oncle ne réussit à mener à bien un recours contre l'Église. La famille acculée s'installa en ville, à Valencia, la deuxième agglomération du pays, qui se désenclavait et se modernisait, laissant derrière elle ce domaine, ce petit coin de paradis perdu et son art de vivre, paisible et délicat. Ils accapareront l'imaginaire familial, et le mien, encore aujourd'hui. Nous serons, depuis lors, tous déracinés. Et désorientés.

À peine sortie de son couvent, Néstar, ma grand-mère, une belle jeune femme à la peau blanche et aux grands yeux verts, tomba amoureuse du premier don Juan de passage. Le couple s'installa dans une petite maison de la périphérie de Valencia. Après quatre enfants, dont ma mère, l'aînée, née en 1941, et six ans de mariage, M. Burgos, homme d'affaires porté sur la boisson, vendit la demeure familiale et partit fonder un autre ménage, laissant sans ressources ni toit une progéniture bien jeune à la charge d'une femme démunie. On ne le reverra plus. Il abandonnera ainsi deux autres foyers. Je n'ai que rarement entendu parler de lui ; même des reproches lui auraient fait trop d'honneur. Je ne connais pas l'expression de son visage. Nos chemins ne se sont jamais croisés. Je n'ai pas eu de grand-père maternel. Et ma mère n'eut jamais à se confronter à l'autorité paternelle.

Néstar se réfugia avec ses enfants chez une sœur, laissant son aînée, Élizabeth, chez sa grand-mère María, pour qu'elle poursuive sa scolarité dans un établissement de très bonne réputation tenu par une congrégation de sœurs françaises, Saint-Joseph de Tarbes, qui vénéraient la Vierge de Lourdes. Et pour s'alléger d'un poids aussi, car la mère abandonnée survivait difficilement, en participant à la campagne d'alphabétisation, en donnant des cours de couture et en vendant ses broderies.

Don Carlos Mazziota, un élégant veuf italien vêtu de costumes en lin blanc qui avait su faire prospérer ses affaires, tomba amoureux de cette mère célibataire, la sœur cadette de son comptable. Il vint la chercher dans sa Cadillac noire pour l'installer, avec sa progéniture, dans une maison si grande que le patio comptait vingt manguiers. Néstar aurait pu se réjouir de cette nouvelle situation qui lui permettait de mettre à l'abri les siens. D'autant plus que la quincaillerie de son beau-frère, où elle dépannait comme vendeuse, n'était pas loin. Mais don Carlos Mazziota se montra peut-être trop pressant, ou est-ce l'orgueil qui interdisait à Néstar de vivre dans la soumission et la dépendance ? Elle finit par plaquer le courtisan, sa maison, sa fortune et sa bienveillance. Tous condamnèrent ce coup de tête jugé irresponsable. Ses enfants ne le lui pardonnèrent jamais.

Néstar s'obstina à nouer une mésalliance avec un lointain cousin, Rafael, conducteur de camions et bricoleur, banni du cercle familial car fruit d'une relation illégitime avec une servante noire. Elle s'installa dans la banlieue pauvre de Valencia avec cet homme, plus gentil et fauché que son premier mari et dont elle aura deux enfants. Lui non plus je ne le rencontrerai pas. Sa présence n'a jamais été immortalisée par une photo. Néstar affiche un air mélancolique au milieu d'une ribambelle d'enfants mais lui n'est jamais là. Ma mère vivait sans figure paternelle et avec une mère débordée par la vie et ses six enfants à nourrir. À la maison, on se tenait bien à table même si l'assiette était vide, on s'exprimait correctement même si on ne recevait pas d'invités, on appréciait les belles choses même si on ne pouvait pas se les procurer.

L'aînée, Élizabeth, secondait Néstar du mieux qu'elle pouvait, s'occupant de ses petits frères et sœurs après ses devoirs. Mais un jour elle se lassa d'être exemplaire, et cette adolescente, menue à force de ne manger que des fruits et du riz, et arborant une coupe de cheveux à la garçonne qui encadrait un regard noir, triste mais déterminé, se rebella. Elle ne voulut plus se rendre à la messe dominicale. On toléra ce premier geste d'insoumission. Indulgent et clairvoyant, le prêtre de la paroisse, un ami de la famille, qui avait autrefois professé à Dinard, ne s'en offusqua pas. « Les réflexions de cette jeune fille s'inscrivent dans la pensée du siècle des Lumières. Elle a un avenir tout tracé en France», expliqua-t-il à Néstar, l'incitant à accorder plus d'indépendance à son ouaille réfractaire.

Ma mère s'installa chez une tante, où elle dormait dans la bibliothèque de la maison. Elle dévorait la nuit les romans russes et français du XIXe, et de jour, les journaux. Elle appréciait la compagnie de son cousin aux yeux perçants et au doux sourire, Teófilo José, imprégné de littérature, de musique et de politique, qui deviendra un poète reconnu. Elle s'attardait aussi chez leurs voisins, polonais, lituaniens, allemands, italiens, chez qui elle goûtait le mode de vie «à l'européenne».

Le dictateur Marcos Pérez Jiménez avait fait venir, au lendemain de la Seconde Guerre mondiale, une main-d'œuvre qualifiée pour moderniser le pays de cinq millions d'habitants, qui jouissait désormais de la manne pétrolière. Le Venezuela, plus important exportateur de pétrole du monde, intégrait ces immigrés aussi vite que ses routes, ports, aéroports, lignes de chemin de fer, barrages se construisaient, que des pimpantes cités universitaires émergeaient, que des stations balnéaires apparaissaient, et que les centres-villes changeaient d'allure. Afin d'accompagner l'urbanisation rapide de la population – en 1940, 60 % de la population était rurale ; vingt ans plus tard, 60 % de la population était urbaine –, de flambantes agglomérations pour travailleurs poussaient, où les conditions de vie primaient autant que l'harmonie architecturale. Des parades militaires saluaient innovations et inaugurations. Une nouvelle nation germait à vive allure, malgré la répression politique et la corruption.

Du haut de ses quinze ans, la jeune Élizabeth s'émancipa : elle s'inscrivit aux Jeunesses communistes, organisation clandestine qui avait le mérite de permettre la fréquentation d'hommes modernes, cultivés, ouverts, et de promettre la liberté comme horizon. Ou était-ce pour expier son mal-être ? Elle suffoquait sous l'emprise de l'Église, de l'école répressive de bonnes sœurs – où elle était brillante élève –, et de sa mère, dans une société sous étroite surveillance idéologique et sociale.

En quête d'aventure, elle souhaita participer au Festival mondial de la jeunesse et des étudiants, biennale organisée depuis 1947 par le Parti communiste soviétique. La dictature de Pérez Jiménez était tombée, le 23 janvier 1958, et les barbus prenaient le pouvoir à Cuba un an après : le temps des espoirs était arrivé. La démocratie vénézuélienne balbutiante libérait les esprits et incitait à l'émancipation individuelle. Ma mère saisit l'opportunité que lui offrait le PC pour larguer les amarres vers l'Europe, son diplôme d'infirmière en poche. Bien qu'elle fût encore mineure, sa mère ne l'empêcha pas de partir. Celle-ci l'enviait sans doute d'entreprendre un tel périple, elle qui n'était jamais allée au-delà des frontières du Venezuela. À cette époque, les charters n'existaient pas : tout voyage lointain prenait des allures d'expédition extraordinaire.

En 1959, après avoir atterri à Rome, elle gagna Vienne en train, où des concerts de bienvenue et des ateliers de réflexion anticapitaliste l'attendaient. Mais elle préféra arpenter les musées viennois et s'attarder aux cafés. Grâce à la solidarité du PC, elle put poursuivre son aventure jusqu'à Moscou. Elle ne s'attendait pas à découvrir le sous-développement et la tristesse sur les visages, elle qui venait de quitter un pays des tropiques où on danse même quand tout va mal et où le confort américain était devenu la norme.

Lors du retour vers Rome, le train s'arrêta à Venise. Subjuguée, elle descendit et s'installa dans la pension la moins chère du quartier de la gare. Elle appela sa mère pour la prévenir qu'elle ne rentrerait pas, enfin pas tout de suite, et se dirigea vers une petite trattoria où elle fit la rencontre d'Italiens qui connaissaient le Venezuela pour y avoir un membre de leur famille émigré. Elle y prit régulièrement ses repas, et s'accorda le temps de parcourir la ville quelques semaines, avant de gagner Paris où elle comptait retrouver les jeunes Vénézuéliens communistes qu'elle avait rencontrés à Vienne. Les cellules communistes fonctionnant aussi efficacement que Facebook aujourd'hui, ce fut aisé.

Cette brindille aux longs cheveux noirs et à la peau couleur ambre, que certains pourraient croire fragile et timide, ne doutait de rien. Elle se retrouva à la Cité universitaire internationale en compagnie de celui qui deviendra le critique d'art le plus reconnu du Venezuela, Roberto Guevara. Introduite auprès de peintres et d'écrivains, elle goûta à la vie de bohème parisienne avec passion, et savoura les glorieux reliquats d'une culture qui commençait son déclin.

Paris était alors la capitale de la littérature latino-américaine : Cortázar, García Márquez, Vargas Llosa, se réchauffaient au café tout en écrivant leurs premiers romans. Ma mère, la plus jeune du groupe, et souvent la seule femme aussi, se trouva un travail de fille au pair place Saint-Sulpice, chez l'attaché de presse de l'ambassade des États-Unis, qui ne semblait pas très regardant sur les opinions politiques de ses employés. Les installations sanitaires y étaient plus neuves que la moyenne française – les W.-C. privatifs n'étaient pas encore généralisés –, ce qui la soulagea beaucoup.

Elle suivait avec assiduité les cours de l'Alliance française ; vit *Hiroshima mon amour* jusqu'à tout comprendre, *Nuit et Brouillard* aussi ; et lut tous les jours *Le Monde* avec un dictionnaire. Elle rencontra, chez son employeur, le photographe américain Man Ray et sa femme Juliet, dont elle admirait les tenues vestimentaires originales. Elle fréquentait leur appartement de la rue Férou, où elle croisa parfois Tristan Tzara. Le PC lui avait donné un passeport pour le monde mais le milieu artistique était son milieu de prédilection, et un refuge aussi, loin des tumultes de la guerre d'Algérie et des marques humiliantes de suspicion que son physique typé pouvait inspirer.

Sa curiosité n'avait pas de limite : elle rejoignit une amie allemande à Munich. Elle découvrit le dur travail à la chaîne dans une usine d'enjoliveurs, afin de payer sa chambre dans un foyer d'étudiants et des cours d'allemand. La fréquentation des musées ne compensa pas la dureté de la vie germanique, adoucie par la présence d'un groupe de complices boliviens, dont Jorge Vázquez Viaña, qui deviendra compagnon de l'aventure bolivienne du Che, avant d'être arrêté, torturé et assassiné en 1967.

Ce n'est qu'en 1962, après trois ans de pérégrinations qui auraient dû durer trois semaines, qu'elle rentra au Venezuela. Cette vie pleine de péripéties et d'insouciance me fait penser à cet extrait de Félicien Marceau, cité par Alain Finkielkraut dans son discours de réception à l'Académie française :

« D'abord comment va-t-il ?
— Il va très bien.
— Il est heureux ?
— Il est libre.
— C'est différent ?
— C'est l'étage au-dessus. »

Le communisme supposait un mode de vie, autant que des convictions politiques. La liberté était pour ma mère la valeur essentielle : elle l'avait choisie, pratiquée, aimée, et ne pourrait plus jamais y renoncer.

À son retour, elle s'accommoda d'un travail de bibliothécaire à l'université centrale de Caracas, ce qui lui permit de suivre librement les cours, et retranscrivait des colloques pour arrondir ses fins de mois. Tout naturellement, elle réintégra les réseaux communistes qui, sur l'injonction de Fidel Castro, avaient initié la lutte armée contre le social-démocrate Rómulo Betancourt, élu président démocratiquement, ce qui constituait une exception sur le continent. La militarisation du PC ne refroidit pas son engagement.

Elle rencontra un professeur qui avait fait ses études de droit et de sociologie à Paris, Oswaldo Barreto. Ce métis aux cheveux frisés et à la peau blanche appartenait au groupe de soutien de la guérilla clandestine. Il avait ramené de France une épouse iranienne, Vida, étudiante en architecture, dont la meilleure amie, Farah Diba, deviendra, elle, chahbanou. L'école d'architecture du boulevard Raspail pouvait alors mener à des destins particuliers, d'impératrice à agent politique. Une solide amitié s'installa entre Élizabeth et ce couple de sartriens ; et pour ma mère, l'amitié est un lien sérieux, un contrat à vie inaltérable.

Oswaldo, à l'allure d'éternel adolescent, aussi drôle qu'intelligent et au rire communicatif, présenta mon père à ma mère, un beau jour de l'année 1963. Tout commencera – pour moi – à ce moment-là.

Tandis que je suis plongée dans la rédaction de ces lignes, j'essaie de me rendre au Venezuela, pour raconter comment survivent les Vénézuéliens, dont le quotidien se réduit à faire la queue pour s'approvisionner du nécessaire quand ils le trouvent, alors qu'il y a quinze ans ce pays était le plus prospère de la région. J'ai peur de me confronter à cet accablant état des lieux, mais je me réjouis par avance de revoir ma famille et Oswaldo. Cela serait l'occasion d'en savoir plus sur cette première rencontre entre mes parents. Il a toujours plein d'anecdotes cocasses sur cette époque qu'il décrit avec verve et humour. Malgré une vie chaotique, et malgré les années de prison, sa vitalité et sa désinvolture sont restées intactes. Malheureusement, on ne me donnera pas de visa de journaliste. Quelques semaines plus tard, j'apprendrai par hasard sa mort, en parcourant la presse locale, à l'affût d'informations sur les dernières manifestations qui avaient déjà engendré une dizaine de morts et plusieurs centaines d'arrestations. J'aurais préféré apprendre la nouvelle de la bouche de mes parents. J'étais doublement affligée. Le seul témoin de leur relation était parti ; leur histoire n'appartenait désormais qu'à eux. Certains s'aventurent sur des terrains intimes pour s'approprier ce qu'ils n'ont pas connu. Je ne m'y risquerai pas. Par respect ? Au fur et à mesure que j'avance dans ma quête, je me rends compte qu'il y a des choses que je préfère ne pas savoir.

Un normalien, blondinet et gringalet, de vingt-trois ans, débarqua à Caracas, en compagnie du photographe Christian Hirou et du cinéaste Peter Kassovitz, pour tourner un documentaire sur la puissante guérilla menée par Douglas Bravo et les frères Petkoff dans la jungle du Falcón. Régis baragouinait à peine l'espagnol, ne connaissait pas grand-chose aux entrelacs politiques locaux mais, en quête d'expérience politique, ne voulait pas passer à côté de la révolución vénézuélienne. Il avait déjà manqué la révolution cubaine ! Il ne pouvait pas être partout. Il bachotait alors dans une bibliothèque du Quartier latin le concours d'Ulm qu'il avait raté une fois. La seconde fut la bonne : le défi fut relevé avec panache puisqu'il entra cacique... mais la *revolución* ne l'avait pas attendu. Et il n'était pas du genre à regarder les trains passer ; il voulait monter dedans, pour trouver sa place dans l'histoire. Quitte à faire vaciller par la violence une démocratie légitime et redistributive, incarnant le modèle politique le plus progressiste du continent. En

France, il n'aurait pas osé, de Gaulle y régnait en paix, mais sous les tropiques, tout est plus exaltant.

Mon père fuyait surtout un milieu bourgeois, et une famille qu'il estimait ne pas être à la hauteur de la grande histoire. Sa mère, Janine, était une femme engagée, dans la vie et dans sa carrière, ce qui, à l'époque, n'était pas courant. Elle avait hérité sa force de caractère de son père, Armand Alexandre, né en 1872, directeur de la compagnie d'assurances Gresham, administrateur de la fameuse Grande Maison de Blanc, et conseiller municipal radical socialiste du 9e arrondissement de Paris. Cet homme respectable et bien établi s'était marié à une Belge, Diane Van den Berghe, aussi pieuse que gourmande, dont le cousin faisait partie de l'état-major du roi de Belgique.

Le couple partageait son temps entre un bel appartement de fonction situé dans le quartier huppé du boulevard Haussmann, à l'angle avec la rue de Courcelles, et une somptueuse maison normande, construite avec tout le confort moderne, dans la station balnéaire en vogue de Blonville-sur-Mer. Il avait cédé à la mode de l'époque, avec son associé dans les affaires, Édouard Worms, qui partit pour les États-Unis lors de la Seconde Guerre mondiale et y fonda la fameuse banque. Un jardin immense, inondé de pois de senteur, séparait les deux villas où les chambres tapissées de toiles de Jouy, avec leur salle de bains attenante, indice de luxe et d'innovation, surplombaient une immense salle à manger et un salon coquettement aménagé. On s'y affairait pour accueillir au mieux les nombreux invités qui venaient apprécier les embruns vivifiants.

Armand s'échappait régulièrement dans sa Hotchkiss, conduite par le fidèle chauffeur Louis, à qui il pouvait parler grâce au téléphone interne à l'automobile : ce gadget qui venait de sortir le grisait. Il se rendait au golf de neuf trous de Marly-le-Roi, dont il était propriétaire, ou retrouvait les demi-mondaines qu'il entretenait, dont la comédienne préférée de Sacha Guitry.

Ma grand-mère s'était livrée à moi, un jour d'été et d'ennui où je la harcelai de questions, magnétophone à la main. Je venais de terminer mon premier stage dans un journal et je me prenais pour un reporter. J'avais confronté son témoignage avec celui de ma grand-tante, Claude Busser, «la mémoire de la famille», ravie qu'on s'intéresse enfin à ses vieilles photos et à ses anecdotes. Yves Faure, attentionné et méticuleux, reprit dignement le flambeau au décès de sa mère. Il alimenta ma recherche en documents et en longues discussions nocturnes, faisant revivre un train de vie, des lieux, des personnalités. J'aurais bien voulu fréquenter Diane et Armand, ce couple proustien, typique de la haute société de la IIIe République, tourné vers le progrès, les mondanités et le savoir-vivre. Revenons donc à leur histoire.

Ils avaient eu une fille, Christiane, et espéraient enfin un fils. Janine naquit en 1910 et fut élevée comme un garçon. On lui donna des voitures miniatures comme jouets. Son physique très flamand contrastait avec les cheveux bruns de son père, dont le visage ressemble étonnamment à celui de Stefan Zweig. Elle eut l'honneur de remettre une couronne de fleurs à Charles Lindbergh, après sa traversée sans escale de l'Atlantique, et de danser avec Fred Astaire à Londres, ce qui ne la détourna pas d'études sérieuses. Docteur en droit privé et en droit romain, et avocate à la cour, elle souhaita se diriger vers les sciences politiques pour devenir diplomate. Un ami de la famille, Aristide Briand, la prévint : « Il n'y aura jamais de femme ambassadeur [la première ne fut nommée qu'en 1972, au Panama] », ce qui mit un terme à ses ambitions au Quai d'Orsay.

Armand décéda brutalement d'un cancer en 1934. Une photo de lui, arborant une fine moustache et une mine sévère, restera à jamais posée sur la table de chevet de sa fille. Poussée au mariage par son entourage, Janine avait l'embarras du choix. Les prétendants se bousculaient, dont un cousin éloigné, le résistant Jean-Louis Crémieux-Brilhac, qui m'avoua un jour sa fascination éternelle pour ma grand-mère. Contre toute attente, un jeune et charmant avocat, aux douces manières et au sens de l'humour ravageur, emporta la mise. Georges Debray épousa ma grand-mère, vêtue d'une robe coupée en biais par Madeleine Vionnet, lors d'une élégante réception parisienne. On avait retapissé de satin blanc les canapés et les chaises de style Louis XVI, estampillés Jacob, pour l'occasion.

Mon grand-père était le troisième d'une fratrie de cinq garçons, menée à la baguette par Nany Ritzen, sa mère, d'origine belge, qui gérait aussi bien ses enfants que la plus importante usine de teinture de dentelles de Calais. Mariée à Jules Debray à la cathédrale de Bruxelles, elle avait dû assumer ce rôle de maîtresse femme suite à la désertion de son mari, trop porté sur la boisson pour gérer convenablement la fabrique dont il avait hérité. L'établissement servit d'hôpital lors des deux guerres mondiales et Nany en fut l'infirmière en chef, ce qui lui valut médailles et respect. Elle fut la première femme de Calais à obtenir le permis de conduire : afin de compenser sa petite taille, elle plaçait des coussins sur le siège de sa Packard noire pour être à la hauteur du volant. Mon père m'avait évoqué ce détail. Les Vendroux, belle-famille calaisienne de De Gaulle, étaient les meilleurs amis des Debray : connexion précieuse qui jouera un rôle fondamental plus tard. Ce détail-là, en revanche, mon père omettait souvent de le préciser. Il est difficile de faire le tri entre le fondamental et l'anecdotique. Et il est encore plus difficile de se mettre en scène sans trahir. Faut-il l'histoire qu'on aurait voulu qu'elle soit, ou l'histoire telle qu'elle est ? Entretenir le mythe suppose forcément des amnésies volontaires.

Mon grand-père Georges avait l'habitude des femmes au caractère bien trempé et laissa son épouse s'épanouir ailleurs qu'au foyer, après qu'elle eut mis au monde mon oncle, en 1935, et mon père en 1940. Ils étaient installés tous deux comme avocats, exerçant de leur appartement du 20, rue de Lübeck, sur la colline du Trocadéro, lorsque la guerre éclata. Les deux enfants mis à l'abri à la campagne, ils restèrent à Paris, vivant du mieux qu'ils pouvaient compte tenu des restrictions. Mon grand-père eut quelques phrases qui restèrent fameuses : « À cause de la guerre, j'ai perdu la moitié de ma belle-mère », « J'ai épousé un Rubens et je me suis retrouvé avec un Modigliani », ou encore « et dire que je fais le péché de chair avec un paquet d'os ! », comme me l'a révélé une amie de la famille. Il ne manquait pas de constater avec satisfaction que les femmes, à force de marcher et de faire du vélo, affichaient de belles jambes fines et musclées. Il était très sensible à la beauté féminine et vouait une admiration sans bornes à son épouse, qui avait une distinction naturelle.

Ma grand-mère dut se procurer un certificat d'aryanité car son père était d'origine juive, ce dont elle parlait peu, mais sa mère catholique. J'ai appris qu'elle envoya des lettres à sa meilleure amie, Andrée Bodenheimer, au camp d'Auschwitz enfin libéré par les Russes. Hôpital du camp – Bloc 9 – Auschwitz – Haute Silésie – Pologne. Je reste impressionnée par l'enveloppe de cette missive qui arriva à bon port, c'est-à-dire au bout de l'enfer. Mon grand-père fit ce qu'il put pour aider des amis juifs, dont Pierre Meyer qui lui resta à jamais reconnaissant d'avoir sauvé sa mère de la déportation. Au grand dam de mon père, ils ne furent pas de grands résistants, juste des héros du quotidien, qui vécurent l'invasion allemande comme une humiliation. Ils logèrent discrètement des Britanniques et des Américains qui préparaient le débarquement. Le week-end, ils partaient à bicyclette voir leurs enfants. Mon père fut opéré de l'appendicite dans un hôpital de campagne, sous les bombardements. Il s'en souvient encore… « Arrête de me mettre la main dans le ventre ! Ça fait mal ! » criait-il à son père qui lui tenait la main lors de l'opération.

Janine rencontra de Gaulle après la Libération. Elle avait vu son portrait trôner au-dessus de la cheminée de l'appartement des Vendroux ; elle avait dansé avec son frère Pierre, scène immortalisée par *Paris Match* ; mais ce n'est qu'après la guerre, alors que le général cherchait des candidats pour les élections municipales d'octobre 1947, dorénavant ouvertes aux femmes, que ma grand-mère fit la connaissance de l'homme qui avait sauvé la France. « Il m'a terrorisée, j'étais comme un glaçon », me raconta-t-elle. Un ami de son père, Louis Vallon, gaulliste de la première heure, se chargea des présentations lors d'un déjeuner au restaurant chic de la rive gauche Lapérouse. Cette entrevue scella le début de la carrière politique de ma grand-mère.

Sous l'étiquette du RPF puis du groupe centriste, elle fut la première femme élue vice-présidente du conseil municipal de Paris auquel elle siégea de manière ininterrompue de 1947 à 1971, avant de devenir conseillère générale de la Seine, puis sénatrice. « J'étais la suppléante du président du conseil municipal de Paris [Pierre de Gaulle], qui avait un rôle plus actif qu'il ne l'a aujourd'hui. Maintenant c'est le maire qui fait tout. À l'époque, chaque conseiller municipal avait un domaine d'activité qui lui était échu. Il pouvait travailler un peu pour son compte et non pas uniquement pour le compte d'un président », expliqua-t-elle lors d'une interview. Elle tint les comptes de la ville et s'engagea dans une multitude de projets culturels et de sauvegarde du patrimoine.

« Elle était une personnalité de premier plan sur la scène parisienne » insiste un témoin de l'époque.

Le petit Régis, qui faisait une scolarité sans reproche au lycée Janson-de-Sailly, attendait sa mère patiemment, en espérant qu'entre ses interminables réunions politiques et ses innombrables réceptions elle pourrait rester un peu à ses côtés à la maison. En vain. Aussi travailleuse qu'élégante, elle était sur tous les fronts. Dans l'intimité pourtant, elle restait très discrète sur ses combats pour la sauvegarde du vieux Paris et ses exploits dans le domaine culturel. Au hasard de promenades, elle me racontait sa lutte pour empêcher la construction d'une tour sur le rond-point des Champs-Élysées, pour bannir un parking place Dauphine, pour la sauvegarde des fontaines Wallace et des pavillons Baltard des Halles, alors que la mode était à la destruction et à la modernisation à outrance. Elle n'hésitait alors pas à faire alliance avec les conseillers municipaux communistes : elle était décidément prête à toutes les compromissions pour arriver à ses fins ! Le Festival d'automne et le Festival international de danse de Paris étaient ses plus grandes fiertés ; le Parc floral, inauguré en 1969, et les Floralies internationales aussi ; avoir donné un lieu de création à Ariane Mnouchkine, dont elle admirait l'œuvre et l'énergie, l'emplissait de satisfaction. Cette dernière raconte : « L'armée quittait la Cartoucherie. Le lieu devait être détruit. Je suis allée voir la mère de Régis Debray qui travaillait à ce qui n'était pas encore la mairie de Paris. Elle nous a signé un petit papier et personne n'a plus osé nous déloger ! » Ma grand-mère ne se vantait jamais de rien : son moteur était l'essor de Paris, dont elle connaissait tous les recoins et les commerçants, et la valorisation de la création artistique, y compris la plus avant-gardiste ; et son devoir, paraître toujours impeccable, grâce à Dior, puis à son meilleur ami Pierre Cardin, et aux visites régulières de sa coiffeuse. « Une femme doit toujours être irréprochable », me ressassait-elle.

Elle fit une grève de la faim en 1977 afin d'attirer l'attention sur l'ostracisme des femmes au Sénat, avant de prendre sa retraite en se consacrant à l'écriture de biographies de personnages historiques comme Victor Schœlcher, Haendel ou la Païva, à la présidence du prix littéraire des Droits de l'homme, et à son rôle de grand-mère qu'elle prit très au sérieux.

Après le cambriolage de son appartement de la rue de Lübeck, où elle résidait depuis son mariage, elle choisit d'arborer des bijoux excentriques en plastique pour remplacer les bijoux dérobés, et vantait la légèreté des doudounes bien plus pratiques que les fourrures subtilisées. Elle reconstitua un foyer, rive gauche, pour se rapprocher de ses petits-enfants, fait de meubles modernes et des chinoiseries collectionnées par son père que les cambrioleurs avaient épargnées. Elle adorait ses réunions des « Amis de Marcel Proust » dont elle était vice-présidente : elle avait lu adolescente *La Recherche*, malgré l'interdiction de ses parents qui considéraient cette lecture guère convenable pour une jeune fille de bonne famille, et vénérait depuis cette œuvre dont elle pouvait me citer des passages entiers.

Mon grand-père, plus casanier, préférait la lecture et la musique classique aux mondanités. «Je suis le prince qu'on ne sort jamais», disait-il. Mais quand il sortait, son charme et son esprit conquéraient ses hôtes : «Les dîners avec les deux frères Debray étaient toujours un grand succès car ils étaient tous deux fort brillants et drôles. Ils se donnaient la réplique, un vrai bon spectacle!» Il s'occupait avec dévouement de ses propriétés de Calais, transformées en habitations après la guerre, fréquentait les bonnes tables de Paris, et jouait au bridge à l'Automobile Club. Il parlait tous les matins à 7 h 55 à son frère cadet Jacques, directeur de laboratoire pharmaceutique, après la lecture des journaux et avant l'arrivée de ses premiers clients, dont le principal était les Galeries Lafayette. Il ne s'endormait jamais sans avoir lu quelques pages des *Mémoires* de Chateaubriand. Il se tenait loin des affaires publiques, laissant ma grand-mère en être la protagoniste, sans en prendre ombrage. Son fils le perçut comme un aveu de faiblesse, alors que c'était une preuve de sérénité. Régis chercha toute sa vie des figures paternelles charismatiques, tout en esquivant sa mère, une femme trop moderne, exubérante et encombrante à son goût.

L'élève fonctionnaire du Quartier latin, statut officiel du normalien, découvrit lors de la guerre d'Algérie «la face noire de la République». L'indépendance de l'Algérie ne fut pas considérée comme «une pause, mais un tremplin. La lutte devait se poursuivre ailleurs; c'était simplement une étape dans l'insurrection générale du tiers-monde. C'était la preuve qu'on était sur le bon chemin», commenta-t-il dans la série télévisée *Génération*. Certains reprirent le cours normal de leur vie d'étudiant: «Nous avions hâte de [...] nous intéresser un peu à nous et à nos études que nous avions un peu beaucoup négligées pour contribuer à hâter la nécessaire paix en Algérie», expliqua Bernard Kouchner. Mais d'autres, plus rares, partirent pour incarner le mythe du volontaire, dont la guerre civile espagnole avait montré les plus beaux exemples romantiques, de Malraux à Hemingway.

Cette génération d'universitaires, qui n'avait pas fait la guerre et qui rejetait l'idéal de la voiture et du frigidaire, se raccrochait au projet révolutionnaire pour donner un sens à sa vie. Ils n'avaient pas à affronter le chômage, la détresse des banlieues, la course aux points de retraite, et la misère des fins de mois. Leurs drames étaient une société sclérosée, l'avortement de leurs compagnes et l'incrédulité de leurs parents. Le lyrisme politique du marxisme, et toutes ses variantes, les faisait vibrer. Comme le reconnaît André Senik : « Le communisme apportait beaucoup de bénéfices. On avait une vision du monde, on avait une raison de vivre, on avait une activité qui compensait les éventuels problèmes qu'on pouvait avoir dans sa vie privée, et on pensait que nos idées avaient une efficacité. C'était le comble du bonheur ! »

Fort de cet enthousiasme, l'étudiant déterminé déserta en 1961 les plages de Saint-Tropez, qu'il avait l'habitude d'arpenter l'été en scooter, pour un périple aux États-Unis, où il découvrit la ségrégation sociale et raciale qui alimentera son éternel anti-impérialisme. Son voyage de déniaisement, de New York à Miami, en bus et en auto-stop, se poursuivit à La Havane, où il réussit à intégrer, malgré son niveau d'espagnol rudimentaire, la campagne d'alphabétisation. Après cette parenthèse aventurière de six mois, il regagna sagement les bancs de l'École normale. On le vit dans le film de Jean Rouch et Edgar Morin, *Chronique d'un été* (1961), affichant un look de dandy – pull en V, veston de tweed, pantalon de velours côtelé – et des airs patriciens qui seyaient à ses traits fins et à ses cheveux dorés. Plus cinéphage que cinéphile, il hésitait entre philosophie et cinéma, allant des cours d'Althusser aux réunions politiques à La Joie de Lire, et aux projections de la Cinémathèque. La lecture du *Siècle des Lumières* d'Alejo Carpentier – un «roman-vrai» sur la Révolution française aux Antilles – l'inspira. Il fuit finalement son quotidien parisien pour retourner en Amérique latine, au Venezuela cette fois-ci, avec un projet de film sur la guérilla, et la casquette de correspondant de la revue maoïste *Révolution*.

Son unique contact sur place, Oswaldo Barreto, chercha la plus francophone et francophile de son entourage, ma mère, pour éclairer ce jeune normalien qui voulait voir une révolution de près et goûter à l'adrénaline de l'action. «Ma première vie d'adulte se déroula sous l'égide d'une Madone brune, svelte et menue», expliqua-t-il dans *L'Indésirable*. Publié en 1975, ce livre dédié initialement à ma mère perdit sa dédicace lors de sa réédition en 2016 : un oubli volontaire ?

Passer du «tourisme politique» à l'intégration active supposait des entrées que seule ma mère avait. Sans elle, il aurait regagné Paris penaud, comme il était rentré de Cuba deux ans plus tôt. Grâce à elle, il découvrit l'engagement politique, le vrai, pas celui du boulevard Saint-Germain.

Les deux tourtereaux n'allaient quand même pas se conformer à vivre une idylle ennuyeuse ; ils préférèrent une vie de clandestinité et de conspiration. L'ancrage est bourgeois ; ils opteront pour la traque et les secrets. «Elle me prend pour un torchon», se plaignait mon père à Oswaldo Barreto quand ma mère essuyait la vaisselle avec sa chemise. Il comprit que dans les sociétés machistes, les femmes fortes sont les véritables ministres de l'intérieur. Mon père envoyait des reportages sur les avancées de la guérilla vénézuélienne à la revue *Révolution*, et des télégrammes à son directeur, l'avocat Jacques Vergès, pour se faire payer, en vain. Le couple vivait du salaire de ma mère, ce qui n'embarrassait nullement mon père, qui avait pourtant grandi dans un pays où une femme ne pouvait ouvrir un compte en banque sans l'autorisation de son mari. Ils remontaient des filières, organisaient des livraisons d'armes, et changeaient de domicile pour ne pas laisser de traces. La dissimulation était leur mode de fonctionnement, et la condescendance, leur mode de communication. Exposer au quidam les tragédies du monde, que personne n'a encore déchiffrées correctement, intégrant si possible complots et relations Nord-Sud, reste encore, cinquante ans plus tard, une habitude.

Même revenus à une vie légale, mes parents ne pourront jamais se défaire de ces traits de caractère : ils prêchent, cloisonnent, cachent, conspirent, certains de leur supériorité intellectuelle. Autant de séquelles de la clandestinité dont on ne sort pas indemne. Mon père respecte surtout ceux qui ont connu une quelconque forme de résistance et de rébellion, armée de préférence, ce qui explique sa relation amicale récente avec Daniel Cordier, avec qui il fit un documentaire, ou, dans un autre genre, avec le sous-commandant Marcos.

Raúl Leoni, fils d'un immigrant corse et membre fondateur de l'Action démocratique, fut élu démocratiquement président du Venezuela en 1964, malgré l'appel à l'abstention lancé par la guérilla et ses menaces de représailles contre ceux qui commettraient l'affront d'exercer leur droit civique. Il succédait au fameux essayiste Rómulo Betancourt, «père de la démocratie vénézuélienne», qui gouvernait le pays depuis 1958, en dépit des tentatives de coup d'État et d'assassinat, et de l'opposition active de la guérilla. Las de subir les intrusions de Fidel Castro dans la politique nationale, le gouvernement, qui poursuivait une politique sociale et économique de modernisation grâce à une croissance annuelle fulgurante, engagea une lutte active contre l'extrême gauche révolutionnaire. Oswaldo Barreto fut arrêté. Soumis à un interrogatoire musclé, il réussit à faire prévenir mes parents qu'ils n'étaient plus en sécurité à Caracas. La vigilance et la défiance deviendront désormais leurs meilleures alliées. Le risque de persécution était réel.

Ils quittèrent promptement la capitale pour se réfugier dans le pays voisin, la Colombie. De bus en bus, et de ville en ville, ils arrivèrent à Bogotá, où une autre guérilla sévissait. La violence, décidément, les attirait.

Ces apprentis révolutionnaires poursuivront leur pérégrination à travers le continent sud-américain durant dix-huit mois : un voyage exceptionnel et âpre. Après plus de mille kilomètres parcourus à pied, à dos de mule, ou en camion, ils firent une halte à Quito, où ils débarquèrent avec une lettre de recommandation chez Oswaldo Guayasamín, peintre expressionniste du réalisme social qui deviendra une légende vivante. Ils profitèrent de son accueil et de ses largesses. Ils eurent même l'honneur d'être portraiturés par l'artiste engagé. Régis fit parvenir son tableau à Paris, chez ses parents ; ma mère, qui n'entretenait plus de relations avec sa famille depuis qu'elle vivait dans la clandestinité, n'avait personne à qui l'envoyer. Son profil majestueux aux allures de Néfertiti, dégageant autorité et volonté, finira dans le musée Guayasamín créé à la mort du peintre.

Ils continuèrent leur route vers le sud. Après deux mille cinq cents kilomètres à côtoyer la pauvreté, la maladie et la faim, ils atteignirent Lima. Là, ils se rendirent à l'hommage organisé en l'honneur de José Carlos Mariátegui, auteur de *Siete ensayos de interpretación de la realidad peruana*, essai prônant l'adaptation du marxisme à la réalité péruvienne. La guérilla était en germe et la police redoublait de vigilance. La blondeur et la nonchalance de mon père interpellèrent : il se baladait, nez en l'air, avec la revue *Révolution* sous le bras. On l'embarqua, et sa compagne avec. Dans la presse, on parla de l'arrestation d'un agent russe, du nom de Dobrovsky, qui avait utilisé des papiers français comme couverture.

Un ami de ma grand-mère, Bertrand Gès, diplomate incontournable du Quai d'Orsay, se trouvait justement à Lima afin de finaliser l'organisation du voyage de De Gaulle, qui s'apprêtait à sillonner l'Amérique latine durant un mois. À l'époque, les présidents prenaient le temps de voyager. Il demanda à l'ambassadeur de France des nouvelles du fils de son amie, dont elle lui avait maintes fois vanté l'intelligence et le goût de l'aventure. Régis, en fils modèle, partageait ses péripéties avec ses parents, même si, pour les ménager, il édulcorait son engagement politique. On lui rétorqua que ce jeune gauchiste venait de se faire arrêter. Ma grand-mère fut évidemment mobilisée : elle s'adressa au président du Pérou, le social-démocrate Fernando Belaúnde Terry, dont elle connaissait bien le frère avec qui elle avait fait ses études de droit à Paris, et les parents, qui avaient autrefois séjourné dans la maison paternelle de Blonville-sur-Mer. Mon père fut libéré le lendemain : son stage en prison ne dura que trois jours mais fut suffisant pour l'auréoler d'un certain prestige. Quitte à en oublier l'intervention décisive de ma grand-mère.

Ma mère, elle, ne pouvait pas compter sur la protection de son pays, ni sur celle de sa famille. Le consul vénézuélien vint l'informer qu'elle ne pourrait dorénavant plus entrer dans son pays : elle était condamnée au *destierro*, à l'exil forcé. Dans la prison de Chorrillos, elle dormit sur une paille nauséabonde, au fond d'un tunnel humide, en compagnie de ce qu'on appellerait aujourd'hui des cas sociaux. Des religieuses veillaient d'une main de fer sur ces femmes délaissées et désespérées, qui ne bénéficiaient d'aucune aide juridique ni médicale, et qui sortiraient peut-être un jour sur le coup de tête d'un geôlier. Élizabeth sut éveiller en elles une conscience politique et, au bout de quelques jours, organisa même une grève de la faim suivie par toutes ses codétenues. La situation était devenue intenable : le directeur de la prison décida de libérer ma mère. C'était le prix à payer pour retrouver la tranquillité de ses ouailles. Le séjour carcéral dura dix jours et n'ébranla pas la foi de la militante, bien au contraire.

Le couple fut expulsé du Pérou, conduit à la frontière chilienne en avion. Avec le peu d'argent qui leur restait, ils prirent un bus vers Santiago. Et avec leurs derniers centimes, ils commandèrent, pour tromper leur faim, un café au lait dans un bar du centre de la capitale. Régis reconnut alors un homme qu'il avait croisé à La Havane en 1961. Ma mère crut à l'effet d'un mirage mais l'homme s'approcha effectivement d'eux. Juan Capra était peintre, hémophile, et vivait dans une communauté d'artistes qui squattait une maison coloniale, calle Carmen 340, et se nourrissait d'avocats et de fruits tombés des arbres du patio. C'est là que mes parents s'installèrent, bien avant que Violeta Parra y chante tous les soirs et métamorphose cette demeure délabrée en lieu mythique, *La Peña de los Parra*. C'est là aussi que mon père commença à rédiger un essai sur l'application du castrisme au reste de l'Amérique latine.

Ils se rendirent à un meeting de Salvador Allende, où Neruda lut un poème : littérature et politique étaient souvent imbriqués en Amérique du Sud, où les écrivains pouvaient devenir présidents. Allende était à leurs yeux un bourgeois démocrate, donc un homme peu fréquentable, qui ne voulait pas se soumettre au diktat de la révolution cubaine. L'esprit du futur président ne pouvait concevoir la lutte armée comme une pratique politique viable pour le Chili : la démocratie était l'unique voie possible. Alors les Cubains le soutenaient de loin, et le narguaient de près. « Tu vas à

Paris ? Eh bien achète-toi un uniforme de guérillero chez Dior », lui lançait Fidel Castro qui le trouvait trop raffiné. Mes parents continuèrent leur route, en quête de terrains politiques plus radicaux.

Ma mère voulut retrouver ses amis boliviens qu'elle avait connus à Munich. Ils décidèrent de se rendre à La Paz, séparément, pour ne pas éveiller les soupçons, en parcourant en train les hauts plateaux des Andes durant deux jours. Ma mère aima cette terre aride aux aspects lunaires qui deviendra son pays d'adoption et de cœur, au point de s'approprier le caractère de l'*altoperuano* – impassible, silencieux, lent, minutieux, secret – ce qui, pour une caribéenne, relève de la gageure. L'expression de son visage devint chaque jour plus impénétrable, telle une carapace solide.

Grâce à leurs réseaux, ils furent introduits au sein du puissant syndicat COB (Centrale ouvrière bolivienne). Depuis 1952, le gouvernement du MNR (Mouvement nationaliste révolutionnaire) avait entrepris une réforme agraire, nationalisé les mines d'étain, octroyé la citoyenneté aux Indiens, et fit de la COB la colonne vertébrale du pouvoir. Grâce à ce syndicat, mes parents se rendirent à Oruro, au sud de la capitale, pour y filmer la vie quotidienne des mineurs dans la *mina del siglo XX* (« la mine du XXe siècle »), une des plus importantes du pays. Travailler sous terre durant plus de dix heures, mâcher les feuilles de coca pour supporter le manque d'oxygène, piocher le roc, accroupi en s'éclairant à la bougie : la descente dans les entrailles de la terre est une épreuve morale, en plus d'être physique, de celles qui ne laissent pas indemne. L'espérance de vie des mineurs était alors de trente-cinq ans. Ce film témoignage fut malheureusement perdu.

Ils continuèrent vers l'ouest, à Cochabamba, où Liber Forti, qu'ils avaient rencontré à Lima, avait créé un réseau de radios libres pour mineurs, «*radio minera*». De son exil péruvien, cet anarchiste, doux et affectueux, leur ouvrit les portes de la ville. L'université demanda à mon père de donner une conférence sur Sartre, maître à penser devenu l'icône d'une génération. On lui prêta une chemise propre pour l'occasion : c'était la première fois depuis plus d'un an qu'il enfilait du linge immaculé. À leur retour à La Paz, ils rencontrèrent le ministre des Mines, René Zavaleta Mercado, un dynamique philosophe de vingt-huit ans. «J'ai connu deux hommes brillants dans ma vie : lui et Malraux», m'expliqua ma mère. Mon père devait faire partie des adolescents brillants…

Mes parents décidèrent alors de prendre des routes différentes. Ce long voyage initiatique, fait de précarité et d'instabilité, les avait peut-être lassés. Ma mère avait trouvé un ancrage en Bolivie, et resta travailler aux côtés du ministre des Mines, tandis que mon père poursuivit son voyage en Argentine et au Brésil, avant de rentrer en France pour passer l'agrégation de philosophie. Par réflexe bourgeois ou par nostalgie du Quartier latin ? On peut penser à la révolution, tout en songeant à son avenir professionnel.

En novembre 1964, le général Barrientos fit un coup d'État : le gouvernement bolivien s'exila en toute hâte. René Zavaleta Mercado s'envola pour le Venezuela. Ma mère, qui depuis son séjour carcéral à Lima était bannie de son pays, partit pour le Chili. Mon père fit preuve de solidarité et lui envoya un billet pour qu'elle le retrouve à Paris.

L'avion de ma mère fit escale dans de nombreuses capitales sud-américaines, dont Caracas. La tentation fut trop grande : elle descendit de l'avion, décidée à passer Noël en famille. Par réflexe bourgeois ou par besoin de retrouver la chaleur familiale ? Elle se fit arrêter à l'aéroport et transférer à la prison de la sécurité nationale, qui n'était pas des plus conviviales. Après une semaine d'isolement, elle arriva effectivement à Paris où elle retrouva mon père, installé, grâce à ma grand-mère, dans un petit appartement de la Ville de Paris, avenue de la porte Brancion, d'où on pouvait entendre le périphérique. Il bachotait l'agreg, voyait sa famille en cachette, et présenta sa compagne à ses camarades normaliens, Étienne Balibar, Robert Linhart, et leur muse, Natacha Michel.

Ils se rendirent brièvement à Prague pour retrouver leur ami, le Vénézuélien Oswaldo Barreto, devenu « ambassadeur itinérant de la guérilla » et agent de liaison avec les pays arabes, qui les mit au parfum des dernières stratégies politiques et des filières clandestines de trafic d'armes entre la Chine et le Venezuela via l'Algérie. Alors qu'Oswaldo retrouvait le Che à Alger, qui y prononça le fameux discours aux relents antisoviétiques, il lui donna à lire *Les Temps Modernes* où mon père avait publié en janvier 1965 son article « Le castrisme ou la longue marche de l'Amérique latine », essai mûri lors de son périple à travers le continent latino-américain. Traduit en espagnol, il fut transmis à Fidel Castro. Cela sera son article «sésame». Mais mon père n'en savait rien. Après avoir passé brillamment son concours, il attendait son affectation avec résignation.

À la rentrée 1965, il s'accommoda du statut de professeur agrégé de philosophie dans un lycée à Nancy, ce qui ne l'emplissait guère de joie. Ma mère partit pour Birmingham apprendre l'anglais.

Après la réélection de De Gaulle, mis en ballottage par Mitterrand, mon père quitta sa pension mal chauffée de Nancy pour regagner, soulagé, Paris, où il comptait passer les vacances de Noël. Un télégramme de l'ambassadeur cubain, adressé à Élizabeth Burgos et Régis Debray, l'attendait. On conviait mon père à devenir membre du jury du prix de la Casa de las Américas, et ma mère à participer en tant qu'« invitée spéciale » à la Tricontinentale. Fidel Castro avait compris l'importance des intellectuels internationaux dans la campagne médiatique de valorisation de la révolution. Peu maîtrisaient aussi bien que mon père la théorie marxiste et la réalité américaine. Sa belle plume et son engagement à toute épreuve constituaient une aubaine pour le régime cubain. Au lieu de déguster une dinde et une bûche en famille, mes parents partirent pour La Havane, via Prague.

La Tricontinentale se préparait activement. Au programme : fomenter une révolution mondiale, déstabiliser l'impérialisme américain et émanciper les opprimés du monde entier. Rien que ça. Le Che en avait émis le souhait à Alger. Cuba, petite île de huit millions d'habitants, se chargeait de le concrétiser, euphorisée par sa politique internationaliste démesurée.

Le pays du cigare et de la canne à sucre appartenait, depuis le débarquement de la baie des Cochons d'avril 1961, au bloc soviétique, mais souhaitait incarner une troisième voie. La plus grande puissance mondiale s'enlisait alors dans la guerre du Vietnam et la lutte des Noirs contre la ségrégation ; l'Union soviétique s'était autoproclamée propriétaire du modèle unique de « paradis du prolétariat » mais certains, héritiers du sommet des non-alignés de 1955 – le Chinois Zhou Enlai, le Cambodgien Norodom Sihanouk, l'Indien Nehru, l'Égyptien Nasser et l'Indonésien Sukarno – rêvaient d'autre chose, d'un socialisme empirique, un socialisme de guerre, expansionniste et téméraire, afin d'inventer une nouvelle société, libre et juste. Face à la succession de coups d'État fomentés en Amérique latine par les États-Unis lors des dernières années – Argentine, Pérou, Équateur, en 1962, République dominicaine et Honduras en 1963, Brésil et Bolivie en 1964 –, des foyers de guérilla se développaient, dopés par les exemples de l'Algérie, du Vietnam, de Cuba et des guerres de décolonisation en Afrique.

La Havane était alors « *the place to be* » : cinq cent douze délégués de quatre-vingt-deux pays du tiers-monde, partisans de la lutte armée, de la voie parlementaire, ou même du pacifisme, venaient assister au premier sommet de la Tricontinentale, cette grande messe des « damnés de la terre », inaugurée le 3 janvier 1966. On baignait dans l'utopie, dans l'espoir d'influer le cours de l'histoire mondiale en prise avec la violence, l'injustice et l'arbitraire : l'avenir de continents entiers était en jeu. L'absence de Ben Barka, instigateur de la Tricontinentale enlevé à Paris et assassiné, et de l'Algérien Ben Bella, renversé par un coup d'État militaire, limita toutefois la portée politique de cette conférence politico-militaire.

« Où est donc le Che ? » se demandaient-ils tous. Il avait disparu depuis mars 1965. Nul ne savait qu'il se morfondait dans une ambassade, quelque part en Afrique, après son échec au Congo. Certains, dont Sartre, étaient même persuadés qu'il « gisait trois mètres sous terre ».

Les militants, habitués aux dangers de la clandestinité et aux planques insalubres, goûtaient au confort américain et à la chaleur sensuelle des Caraïbes, dans l'hôtel luxueux Habana Libre, nationalisé depuis l'arrivée des *barbudos* au pouvoir. Des délégations de Vietnamiens, d'Africains, de Chinois, d'Européens y logeaient et bénéficiaient du *crédito general*, boissons et repas à volonté et gratuits. Encore mieux que le Club Med ! Peu importait si les Cubains devaient, eux, se soumettre au rationnement et à la disette. « Dans ce palace où séjournaient les VRP du monde insurgé », comme le qualifie Roger Faligot, plus on résidait en étage élevé et plus on était important. Mes parents s'étaient retrouvés face à la suite de Joséphine Baker, juste en dessous des mythiques appartements où Fidel Castro s'était installé lors du triomphe de la *revolución*. Même les conseillers russes, qui prenaient du bon temps au bras de séduisantes métisses, n'étaient pas aussi bien traités.

À l'issue du sommet, on incita mes parents à rester. Comment refuser ? Mon père n'arrivait toujours pas à rouler les *r* en espagnol mais commençait à se sentir chez lui, séduit par tant de fraternité et de générosité. Sa logique et sa raison ne résistèrent guère au brin de folie ambiant. Il ne retint que les beaux gestes et les grands sentiments.

À cette époque, tout Saint-Germain-des-Prés se pressait à Cuba : le Salon de Mai, en juillet 1967, réunit les peintres internationaux les plus incontournables ; puis le Congrès culturel, en janvier 1968, accueillit des centaines d'intellectuels en quête d'exotisme et d'inspiration, venus participer à cette fête permanente qu'était la révolution cubaine, à l'exception de Jean-Paul Sartre qui émit des réserves quant au sort accordé par le régime aux homosexuels. Il avait pourtant été un des premiers à promouvoir la *revolución* avec son reportage « Ouragan sur le sucre », publié dans *France Soir*, en 1960.

On ne savait alors rien des opposants fusillés du Frente Nacional Democrático, ni des milliers de *alzados* résistant dans le maquis de l'Escambray où ils seront tous éliminés, ou des vingt mille prisonniers politiques. Tout était justifié par la peur d'un autre débarquement américain et l'argument infaillible de la lutte contre la CIA. Mario Vargas Llosa repartit, préférant la démocratie et la liberté aux illusions. Jorge Semprun, qui avait traversé miraculeusement les affres de la guerre civile espagnole, de la Résistance, et de la lutte antifranquiste, resta circonspect. Son expérience politique unique lui conférait une lucidité inébranlable. Alberto Moravia, troublé, confia à ma mère, après le discours que Fidel Castro tint sur la place de la Révolution le jour de l'an de l'année 1966 : « Cela me rappelle Mussolini… » Ce furent de rares défections qui n'entravèrent guère l'optimisme général. Tous les espoirs étaient permis : la jeunesse était aux commandes et le pays prétendument soumis.

Un soir, Fidel Castro débarqua à l'improviste dans la chambre d'hôtel de mes parents. Il y resta toute la nuit ; mon père dut lutter contre sa nature de couche-tôt. Son émerveillement compensa cet effort. D'autant plus que la machine à café, mise à disposition dans leur chambre, ne fonctionnait pas. Le Líder Máximo, soucieux des détails, s'enquerra dès le lendemain de sa réparation. Les visites nocturnes de Fidel Castro se firent régulières et leur séjour à Cuba se prolongeait. Mon père prétexta une maladie tropicale pour excuser sa désertion des salles de cours de Nancy. Son ange protecteur, ma grand-mère, fit ensuite le nécessaire pour qu'il devienne détaché de l'Éducation nationale à l'université de La Havane. Il n'alla jamais toucher sa paie à l'ambassade de France. Cette couverture lui permettait juste d'être en règle avec l'administration et de rassurer ses parents, soucieux du bien-être de leur rejeton sous les tropiques.

L'icône révolutionnaire et confidente fidèle de Castro, Celia Sánchez, prit en charge leur installation dans une *casa de seguridad* («maison de sûreté»), une de ces élégantes villas saisies par le gouvernement et dont le propriétaire avait fui en exil. Les invités « spéciaux » du Comandante étaient ainsi établis « en toute sécurité », dans le quartier exclusif du Laguito, protégés des *infiltraciones* et des potentielles velléités d'invasion de l'ennemi impérialiste voisin. L'île vivait assiégée : les rumeurs d'assassinat de Fidel Castro pullulaient et l'embargo économique entretenait une atmosphère de guerre. Le Líder Máximo et ses acolytes ne quittaient jamais leur treillis ni leurs rangers. Les discours officiels s'achevaient tous par l'inexorable « *patria o muerte, venceremos* ».

Celia Sánchez proposa à mes parents de s'établir dans une spacieuse maison avec jardin et piscine. Mon père préféra un appartement avec balcon dans un immeuble discret de trois étages, situé dans le quartier central de Miramar, près du Malecón : une habitation modeste, pratique, à l'écart des autres hôtes de marque, à son image. Il n'allait pas remplacer le confort bourgeois de sa famille par le luxe tropical du chef des *barbudos*. Ce n'est pas pour autant qu'il prenait le *wawa*, le bus dans lequel s'entassent les Cubains, ou qu'il faisait la queue avec une carte de rationnement pour remplir le frigidaire. Une voiture avec chauffeur était à sa disposition, contrôlant ainsi ses allées et venues, et des commissions étaient régulièrement déposées devant sa porte. Ma mère réussissait parfois à le convaincre de sortir le soir, au club très sélect Monseigneur, où on pouvait écouter le fameux chanteur Bola de Nieve. Ils ne payaient nulle part. Des otages volontaires de luxe. Ils vivaient à la charge du régime, sous la coupe directe de Fidel Castro, comme des enfants subsistent grâce à leurs géniteurs, à la merci des moindres largesses et punitions.

Parfois, Fidel Castro débarquait quand on l'attendait le moins. La soirée se prolongeait alors jusque tard, dans un restaurant. Un jour, mon père lança à son amphitryon : « On mange trop bien à La Havane. » Cette débauche d'opulence le mettait mal à l'aise. Sa nature fragile – il payait cher les excès alcoolisés et culinaires – le poussait à l'ascétisme. Sa posture austère et puritaine était le reflet d'une limitation physique. Le Líder Máximo, lui, pouvait parler politique jusqu'à l'aube. « Vers six heures du matin, il disparaissait pour aller se coucher. Mais, à onze heures, il était déjà là, un rouleau de dépêches d'agence de presse sous le bras, au courant de tout. Et quand je dis "tout", je veux dire toute l'actualité mondiale de toutes les évolutions politiques de tous les pays de la planète ! Aussi bien la France que le Chili, le Vietnam, le Mozambique ou – ce qui compte le plus à ses yeux – les États-Unis », raconta ma mère dans *L'Express* en 2016. Il possédait toutes les qualités des grands hommes, « sa force tellurique » étant la plus remarquable.

Aucune contingence matérielle ne détournait mes parents de la raison pour laquelle ils étaient restés à Cuba : devenir des révolutionnaires professionnels, métier non répertorié par Pôle emploi ou la Sécurité sociale. Mon père a toujours fui la gestion de la vie quotidienne ; ma mère a dû s'y confronter à reculons. Toute démarche administrative les plonge dans un désarroi profond, voire la panique lorsqu'il s'agit de remplir des formulaires. Ce fut malheureusement le prix à payer pour réintégrer le cours d'une vie «normale». Pour l'heure, tous deux voulaient changer le monde, ce qui supposait une formation exclusive, loin de toutes préoccupations bassement prosaïques. Fidel Castro avait créé une «école d'apprentis guérilleros», une sorte de Normale sup de la révolution. En plus d'une préparation en stratégie militaire et contre-intelligence, les entraînements physiques et psychologiques furent intenses : arts martiaux, tir au fusil ou au pistolet, montage et démontage d'armes, opération de sabotage, radio transmission et grilles de codage, explosifs, repérage, déjouer la surveillance, et surtout résister à des interrogatoires. Mon père se laissa alors pousser la moustache pour viriliser son visage de gamin, la barbe étant réservée aux «vrais» guérilleros, pas aux novices.

Un chauffeur venait les chercher tôt le matin pour les emmener dans une cabane perdue au milieu de champs où se déroulaient leurs exercices militaires quotidiens. Le chauffeur était noir, et ils longeaient une prison politique, mais ils ne se posaient pas de question sur la ségrégation raciale ou les opposants au régime, trop occupés au déploiement de la révolution sur le continent latino-américain, et au maniement des armes. Mes parents y excellaient.

Ma mère confia un jour à mon père ses doutes : «La guérilla ne pourra jamais gagner une guerre contre l'armée vénézuélienne ; les militaires sont trop nombreux et trop bien armés.» Malgré son embrigadement idéologique, le rapport de force ne lui avait pas échappé... Le lendemain, ils se rendirent au camp d'entraînement personnel de Fidel Castro, Punto Cero, rare privilège partagé avec quelques intimes triés sur le volet. « Qu'as-tu donc contre la guérilla ? » lui demanda le père de tous les Cubains. Elle comprit qu'ils étaient sur écoute et que rien décidément ne lui échappait.

Mon père, lors des difficiles pratiques avec leur instructeur personnel, ne rechignait pas à de longues marches en montagne avec un sac à dos empli de pierres pour tester son endurance : « La révolution est d'abord une bataille à livrer contre soi-même. » Ma mère, elle, n'aimait ni les moustiques, ni les grosses besaces à cause de son dos fragile, ce qu'elle expliqua à Fidel Castro. Selon elle, la guérilla ne devait pas être l'unique mode de résistance. Pragmatique, il lui concocta un autre type d'entraînement, urbain. Dorénavant, une dizaine d'instructeurs défilaient dans la journée pour la préparer à l'espionnage : conduire une voiture lors d'une course-poursuite, photographier des documents avec des appareils miniatures, coder et cacher des informations dans les couvertures de livres, semer la police lors de repérages, pratiquer le karaté. De quoi devenir une parfaite James Bond girl. Pointilleux, le chef suprême prenait le temps de contrôler la qualité de sa formation.

Ma mère était un atout pour le régime : polyglotte, ouverte sur le monde qu'elle avait déjà arpenté, des réseaux établis sur tout le continent latino-américain, et particulièrement en Bolivie, ce qui, on le verra, aura son importance. Fidel Castro la ménageait et fermait les yeux lorsqu'elle débarquait en minijupe, alors que ces dernières étaient formellement interdites dans les rues de La Havane. Il avait compris qu'il ne fallait pas songer à brider cette jument. Elle résistait à faire partie de la société de cour que le chef de la révolution avait instaurée autour de lui, même si de facto elle appartenait à «l'appareil cubain». «J'ai grandi sous une dictature, au Venezuela, ce qui m'a inoculé la phobie des militaires, de la police, des mouchards. À La Havane, j'ai instinctivement senti que tout cela se mettait en place… au nom, bien sûr, de la lutte contre la CIA.» Alors elle s'échappait dès qu'elle le pouvait, à l'université où elle poursuivait un cursus de philosophie. En route, elle entendait les Cubains commenter, entre humour et exaspération, les dernières lubies du Líder Máximo : faire venir des vaches normandes pour fabriquer du fromage français dont il raffolait, produire des fraises comme le faisait la femme de l'ambassadeur de France dans son potager, faire planter par les enfants des graines de caféier autour de la capitale, au détriment de leur scolarité et du bon sens paysan. L'île était devenue un lieu d'expérimentations, parfois loufoques ; un grand terrain de jeux pour communistes.

Les entretiens nocturnes entre mon père et Fidel Castro se poursuivaient. Mon père était comme envoûté par la logorrhée du Comandante, qui pouvait ne pas s'arrêter durant dix heures. Il couchait sur le papier ses propos, théorisant sa pensée, clarifiant ses intuitions, synthétisant ses analyses. Mon père écrivait à la main en français, ma mère traduisait et tapait, et le Líder Máximo relisait. *Révolution dans la révolution ?* fut édité à deux cent mille exemplaires à Cuba au début de l'année 1967, puis par les éditions Maspero à Paris. « Debray a été la plume, Fidel la pensée », résuma Jean Larteguy dans *Paris Match*. Ce livre devint le « discours de la méthode » de la révolution, le bréviaire du « foquisme », une théorie incarnée par le Che qui consiste en la multiplication de foyers de guérilla, potassé par les militants. Il était lu en feuilleton à la radio cubaine et étudié à l'université de La Havane.

Moscou et Pékin refusaient d'initier une lutte armée là où un parti « révolutionnaire de masse » ne préexistait pas. Mon père démontrait le contraire : une guérilla menée par un petit groupe d'activistes rallierait progressivement la population alentour à la cause révolutionnaire au point de transformer le combat en guerre « révolutionnaire de masse ». L'organisation militaire pouvait donc précéder l'organisation politique. La radicalité et la violence de ses propos s'inscrivaient dans l'air du temps. Aujourd'hui, ils ont de quoi surprendre : « Pour déverrouiller ce tabou, cet arriéré séculaire de peurs et d'humilité face au patron, au flic, au garde rural, rien de tel que le combat [...]. Dans le nouveau cadre de la lutte à mort, plus de place pour les solutions bâtardes, les recherches d'équilibre oligarchie-forces populaires, les pactes tacites de non-agression. [...] Vaincre c'est accepter par principe que la vie n'est pas le bien suprême du révolutionnaire. »

Mon père fut propulsé au rang de « favori de

Fidel » et de théoricien du régime. Mes parents réveillonnèrent avec le chef de l'État ; furent placés, lors de son discours de fin d'année, à la tribune d'honneur de la place de la Révolution, aux côtés de l'irremplaçable Celia Sánchez. Ils étaient les seuls à ne pas faire partie du gouvernement. Cela suscita, évidemment, jalousie et convoitise. Ils étaient pleinement établis au sein du premier cercle des intimes de l'homme fort de Cuba, un véritable empereur sans empire. En étaient-ils grisés ? Sûrement un peu... Ils étaient en tout cas définitivement repérés par la CIA.

En février 1967, mon père fut envoyé en Bolivie – avec son vrai passeport, alors qu'il venait d'être mis sous le feux des projecteurs depuis la sortie de son livre – pour rejoindre la guérilla du Che en tant qu'agent de liaison. Le but de cette opération ? Fomenter un « deuxième Vietnam » latino-américain. « Créer deux, trois, de nombreux Vietnam », tel était le credo du Che.

Ma mère n'approuva guère ce départ précipité : son instinct politique l'incitait à la méfiance. Pour les services secrets américains, il était facilement repérable ; pour les communistes boliviens, il était un agent prochinois. Mais pour Fidel, il incarnerait un Malraux de la jungle bolivienne.

Ma mère connaissait trop bien la Bolivie et l'importance de son sentiment national – le pays fut amputé de près de la moitié de son territoire par ses voisins au cours des deux derniers siècles – pour ne pas anticiper l'échec de ce nouveau foyer d'insurrection : des étrangers qui ne parlaient pas les langues indiennes locales, et qui comptaient sur l'aide des paysans pour survivre dans ce coin sauvage et hostile, alors qu'ils seraient perçus comme des envahisseurs par une population très attachée à la propriété de son lopin de terre, sans bénéficier du soutien d'une classe ouvrière organisée, confinée dans les régions minières lointaines. Il fallait être vraiment embrigadé pour y croire.

Mais le Che considérait le nationalisme comme un sentiment ridicule et réactionnaire qu'il fallait combattre au nom de «l'internationalisme prolétarien». À ses yeux, la Bolivie, au carrefour du Pérou, du Chili, de l'Argentine, du Paraguay et du Brésil, pouvait constituer le sanctuaire de tous les mouvements de guérilla dispersés autour, et une base de soutien aux futurs fronts révolutionnaires du continent. Malgré ses ressources minières, c'était le pays le plus pauvre d'Amérique latine, qui détenait le record de coups d'État. Mais celui aussi qui avait connu une réforme agraire radicale, mise en place par le MNR lors de la révolution de 1952 : les petits propriétaires terriens étaient dorénavant organisés en puissants syndicats et protégés par l'armée. Les deux camps n'étaient pas antagonistes mais alliés.

Pour mon père, «le devoir d'un révolutionnaire est de faire la révolution». Assez de théorique, il était temps de passer à la pratique : «Sans fusil, mauvaise plume; sans plume, mauvais fusil», répétait-il. Et il était alors prêt à tout pour le Che, ce héros qui avait disparu depuis presque deux ans de la scène officielle mais dont quelques initiés savaient qu'il préparait une opération d'envergure.

Avant de partir, mon père voulut voir le bureau

déserté du Che, au ministère de l'Industrie : était-ce pour s'imprégner de la mystique révolutionnaire ? Ma mère, intrépide et curieuse, n'hésita pas à fouiller les tiroirs du bureau du « surhomme ». Elle tomba sur un cahier de notes griffonnées et commença à le parcourir : c'était son journal du Congo, qui ne sera jamais publié dans son intégralité. Mon père, scandalisé par tant d'effronterie, et par ce manque de respect à l'égard de ce demi-dieu, l'accabla de menaces afin qu'elle repose enfin le manuscrit sacré. Ma mère finit par céder, à contrecœur. Elle était à l'affût d'éléments d'analyse alors que mon père était dans l'admiration béate. Pour lui, le mythe était intouchable ; pour elle, il était déconstructible.

Ce départ en Bolivie tombait mal pour mon père qui devait recevoir ses parents à La Havane quelques semaines plus tard. Ma grand-mère y était conviée, en tant que présidente du Festival international de danse, qui venait de décerner un prix à la danseuse étoile cubaine Alicia Alonso. Elle avait hâte de retrouver son fils parti sous les tropiques depuis deux ans.

Mon père demanda à Piñeiro, vice-ministre de l'Intérieur et chef des services de renseignements et des opérations clandestines, dont il recevait directement les ordres, de faire annuler cette invitation. Celui qu'on nommait Barbe-Rousse le rassura et mon père partit l'esprit tranquille. Mais mes grands-parents débarquèrent comme prévu à La Havane, étonnés de ne pas voir leur fils les recevoir. Leurs interlocuteurs cubains tentèrent de les faire patienter, expliquant qu'il était parti à l'autre bout de l'île couper de la canne à sucre : ce « travail volontaire » était une trouvaille de Fidel Castro pour « mobiliser les masses ». Mes grands-parents, perplexes, s'enquirent auprès de l'ambassadeur de France, qui leur montra un télégramme de l'AFP qu'il venait de recevoir : « Un Français a été tué hier dans les rangs des guérilleros procastristes boliviens au cours d'un accrochage avec les troupes gouvernementales. Il s'agirait, selon les militaires boliviens, d'un nommé Régis Debray ou Lebrey. »

Mes grands-parents découvrirent le même jour que leur fils n'était pas professeur de philosophie mais guérillero, et qu'il était mort. Le choc fut immense. Nous étions le 24 avril 1967.

Ma mère rentra ce jour-là chez elle après sa journée d'entraînement, et découvrit un message glissé sous sa porte. Des camarades vénézuéliens lui annonçaient la nouvelle, discrètement, au cas où on ne l'aurait pas encore informée. Puis une amie sociologue chilienne, Paz Espejo, débarqua à l'improviste. Ma mère se rendit compte qu'elle avait discrètement décroché le téléphone de l'appartement. Elle comprit qu'elle était envoyée par Piñeiro avec la mission d'empêcher qu'elle apprenne la mort de mon père. Maîtriser l'information revient à contrôler les personnes, donc à conserver le pouvoir absolu. Ma mère réussit finalement à se défaire de cette femme volubile que je connus, enfant, exilée à Paris, dans son petit appartement enfumé. Elle ne lui en tint jamais rigueur : chez elle, les souvenirs communs l'emportent toujours sur les rancœurs.

Loin d'être abattue par la nouvelle, elle décida de passer outre les manipulations du chef des services secrets, et prit l'initiative de contacter ses futurs beaux-parents qu'elle savait de passage à La Havane.

Elle trouva un intermédiaire, un homme de confiance dont elle appréciait le raffinement et la culture. Saverio Tutino, résistant italien pendant la guerre, puis correspondant de *L'Unità* à Cuba après l'avoir été en Chine et en France, accepta cette mission confidentielle. Il partit sur-le-champ retrouver mes grands-parents, qui lui en restèrent à jamais reconnaissants et fidèles : ils iront chaque année lui rendre visite, à Rome, jusqu'à leur dernier souffle.

Mes grands-parents envoyèrent une voiture à ma mère afin qu'elle vienne discrètement les rencontrer à leur hôtel. Ils n'avaient jamais entendu parler d'elle. Mon père s'était montré aussi discret sur ses engagements politiques que sur sa vie amoureuse. Ils n'étaient plus à une surprise près. Celle-là serait peut-être plus heureuse que les autres.

Ma mère trouva mon grand-père désemparé, assis sur le lit de leur chambre du Habana Libre, ne dissimulant pas ses larmes et son abattement. Ma grand-mère, hautaine et élégante, cachait son désarroi en redoublant de force. Ma mère comprit qu'elle avait trouvé son alter ego, aussi intelligente et courageuse qu'elle. Tous trois deviendront des alliés infaillibles : ma mère sera la fille qu'ils n'ont jamais eue, une complice et un guide dans ce monde qu'ils ne connaissaient pas.

Quand je posais enfant des questions sur cette époque « mythique », mon grand-père, Georges, émettait de longs soupirs, et ma grand-mère, Janine, affichait une expression oscillant entre la douleur et le dépit : les mots leur manquaient pour en parler, comme si la blessure n'était pas encore refermée, vingt ans plus tard. J'en voulais beaucoup à mon père de les avoir fait tant souffrir, eux qui faisaient tant pour moi.

Ma mère, toujours rationnelle, leur expliqua que Régis n'était pas parti en tant que combattant en Bolivie. Elle doutait donc de l'hypothèse d'une mort au combat. Elle était persuadée qu'il avait été arrêté, et qu'en ce moment même il était torturé par des militaires en quête de révélations sur la guérilla et la présence du Che. Il ne fallait donc pas perdre de temps et se rendre au plus vite en Bolivie afin de retrouver sa trace. Elle aurait pu admettre l'idée d'un décès accidentel, d'un dommage collatéral lors d'une embuscade, dont l'occurrence était tout aussi probable qu'une arrestation, mais elle préféra exclure les scénarios défaitistes. Elle s'accrocha coûte que coûte à sa version des événements, pas plus probable qu'une autre, mais qui correspondait mieux à son tempérament de battante.

Ma grand-mère, abasourdie par le flot de nouvelles contradictoires reçues en une journée, demanda alors à voir un responsable politique cubain. Mon grand-père, trop consterné pour réagir, laissa sa femme aux commandes. Le régime cachait encore l'information à ma mère. Elle devait donc continuer à agir prudemment. Elle s'adressa à une femme qu'elle respectait pour son intégrité, Haydée Santamaría, sœur d'un martyr et héroïne de la révolution, fondatrice et directrice de la Casa de las Américas – en charge de la dimension culturelle de la politique d'expansion de la révolution –, qui, trop accablée par tant de désillusions politiques, se suicidera en 1980. Ma mère se doutait que cette femme avait eu vent de l'annonce du décès de mon père et lui demanda de rencontrer les parents de Régis, sans en référer à ses supérieurs.

Après cette entrevue, lors de laquelle Haydée seconda ma mère dans ses analyses, ma grand-mère demanda à voir le responsable de cette situation, Fidel Castro. Habituée à recevoir à l'Hôtel de Ville les chefs d'État en visite officielle et à traiter avec des dirigeants politiques de tous bords, ma grand-mère tenait à jauger celui qui avait envoyé son fils au casse-pipe. Ma mère s'adressa alors à une autre femme, Celia Sánchez, la compagne du Líder Máximo, pour organiser cette réunion, contournant volontairement l'autorité du directeur des services de renseignements Piñeiro. Mes grands-parents rencontrèrent le Comandante le soir même, ma mère jouant le rôle de traductrice. La discussion fut cordiale et directe même si mon grand-père refusa le cigare que Fidel Castro lui tendit. Celui-ci les incita à partir en Bolivie, à la recherche de leur fils. Ma mère, en revanche, devait rester à Cuba « pour des raisons de sécurité » : elle était une proie bien trop intéressante pour la CIA. La messe était dite. Même si elle avait voulu se rebeller contre cet ordre, on ne déserte pas si facilement le « Club Med » : pas de papiers, pas d'agence de voyages, et une surveillance à toute épreuve.

Ma mère encouragea mes grands-parents à partir immédiatement pour la Bolivie. Mais ils rentrèrent d'abord en France pour activer leurs réseaux. Ils frappèrent à toutes les portes : la Croix-Rouge internationale, le pape, Paul VI – qui interviendra – et bien sûr le gouvernement. Ma grand-mère alerta de Gaulle : « Mon fils est en grand danger. Je pars ce soir pour La Paz pour essayer de le sauver. C'est l'angoisse d'une mère qui me fait oser vous adresser un très pressant appel pour que vous m'accordiez votre aide dans ma grave mission. » Je retrouve bien son style emphatique et j'imagine sa moue de douleur en écrivant ces lignes. Ma grand-mère pouvait se montrer tout aussi énergique que théâtrale. Elle comptait bien sur le lien familial avec les Vendroux, la belle-famille du général, pour que cet appel à l'aide ne soit pas vain.

Dès le lendemain, le général envoya un télégramme à un autre général, le président bolivien Barrientos, qu'il avait rencontré trois ans auparavant lors de sa tournée latino-américaine : « Je souhaite attirer votre haute attention sur l'intérêt que j'attache à ce que sa vie, qui en dernière instance ne dépend que de vous, reste sauve. Il est possible que ce jeune et brillant universitaire se soit laissé égarer par son parti pris excessif et par le goût de l'aventure. Mais il serait regrettable de mettre un terme, pour des fautes de jeunesse, à une existence chargée de promesses et qui permet un sincère amendement. » C'est la seule fois que de Gaulle interviendra personnellement en faveur d'une personne, qui était loin d'être une personnalité, juste un jeune homme égaré sur les voies de la radicalité.

La réponse fut cinglante : « Il est possible qu'en France, et selon votre généreux concept, il soit considéré "comme un jeune et brillant universitaire". Malheureusement ici, en Bolivie, nous ne le connaissons que comme un intrus subversif gravement compromis dans l'assassinat de vingt-sept soldats, civils et gradés de nos forces armées et comme théoricien de la violence pour la destruction de l'ordre institutionnel. » Entre militaires, on ne s'embarrassait guère du style diplomatique !

Malgré l'animosité locale à son égard, mon père serait désormais protégé : l'œil de Paris veillait sur lui, mais il n'était pas à l'abri d'une bavure. D'autant plus que les nouvelles contradictoires se succédaient : fusillé, évadé, échangé. La confusion sur son sort régna jusqu'à ce que les autorités boliviennes reconnaissent finalement sa détention à Camiri. Une photo de son arrestation les avait trahies. L'histoire de ce cliché, pris à Muyupampa, et publié à La Paz, est un véritable roman, à l'image de l'existence de mes parents depuis cinq ans. Ils n'avaient que vingt-sept ans mais avaient déjà vécu plusieurs vies, à la fois insouciantes et implacables. C'était la première fois qu'ils connaissaient la souffrance physique et morale, impitoyable et grave : leur bonne étoile avait filé.

II

L'épreuve

Depuis le 20 avril 1967, mon père était entre les mains des militaires boliviens, soumis à leur bon vouloir. On lui montra la nouvelle de sa mort publiée dans la presse pour lui expliquer à quel point il ne pouvait compter sur personne. Il ne fut jamais disert sur les tortures auxquelles il fut soumis : un serpent venimeux mis dans sa cellule – on a toujours évité les vivariums lors de nos visites au zoo –, les simulations d'exécution en pleine nuit. « J'étais alors bel et bien sur le carreau, arrivé à bout de résistance, et l'excitation des officiers qui défoulaient sur moi leurs rancœurs, sans but précis, était à son comble, puisqu'ils s'amusaient déjà à me tirer entre les jambes et à côté de la tête », résuma-t-il dans *Le Procès de Régis Debray*. Il n'en dira jamais plus. Fidel Castro exalta « la résistance et la bravoure qu'il opposa à ses geôliers et tortionnaires », mais qu'en savait-il vraiment ?

Un militaire se vanta de l'avoir fait monter dans un avion. En plein vol, il aurait ouvert la porte, placé mon père face au vide, le tenant par un bras et le menaçant de le lâcher s'il ne disait pas tout ce qu'il savait sur la guérilla. De quoi évidemment délier les langues. Une autre méthode consistait à le trimbaler en camion, pistolet sur la tempe : à la moindre secousse, un coup de feu pouvait si facilement partir... Impossible de ne pas avoir la gorge serrée en découvrant ce témoignage, cinquante ans après, digne d'une scène du dernier *James Bond*. Le décalage est si grand avec l'intellectuel d'aujourd'hui, véhément et franco-centré, qui s'épanche dans les médias et vit enfermé dans son bureau du Quartier latin. « C'est notre destinée de devenir dans notre vieil âge ce que dans notre jeunesse nous aurions le plus méprisé », écrit Julian Barnes dans *Le Fracas du temps*. Il n'avait pas à faire face à une torture systématique, version Gestapo, avec instruments, ou même celle mise en œuvre par son ami Fidel Castro devenu expert en répression, même contre ceux qui avaient combattu avec lui dans la Sierra Maestra mais qui constituaient une menace à son pouvoir absolu. Il devait affronter la rancœur de jeunes militaires qui avaient entre leurs mains le bouc émissaire de tous leurs maux.

Que s'est-il vraiment passé entre mon père et ses geôliers ? Nul ne le saura. Mon père garde ses secrets et ses blessures pour lui. Il n'a pu me cacher des séquelles aux ongles des pieds. D'autres, plus discrètes mais plus insupportables, le hantent sûrement au point de devoir les taire.

Si mon père fut épargné, il le dut à un ange gardien. Lors de leur premier séjour en Bolivie en 1964, mes parents nouèrent une relation amicale avec Gustavo Sánchez, militant et journaliste. Cet homme sera triplement important : il deviendra vice-ministre de l'Intérieur et s'occupera personnellement de l'expulsion de Klaus Barbie vers la France en 1983, à l'instigation de mes parents et des époux Beate et Serge Klarsfeld ; il viendra me sortir d'un camp de pionniers, à Cuba, en 1986, où je commençais à dépérir après un mois d'entraînement intense ; et pour l'heure, son frère, le commandant Sánchez, arrêté quelques semaines plus tôt par la guérilla et qui avait été traité dignement puis vite relâché, se trouvait en poste dans la garnison où mon père fut transféré après son arrestation. Le major Rubén Sánchez savait que ce Français était un ami de son frère. La famille et l'amitié étant plus sacrées, sur le continent latino-américain, que les lois et les idées, il veilla sur lui, restant devant la porte de la cellule improvisée dans laquelle mon père croupissait, afin que rien d'irrémédiable ne lui arrive.

Certains militaires auraient préféré abattre cet homme doublement étranger, français et mandaté par le régime cubain, qui se mêlait d'affaires qui ne le regardaient pas. L'ancien chef des services secrets de l'armée bolivienne, le colonel Federico Arana Serrudo, confia dans ses Mémoires avoir reçu l'ordre du général Ovando, alors commandant en chef des forces armées, de liquider «*el francés*». Mettant sa carrière en jeu, il refusa d'exécuter l'ordre, après avoir interrogé le prisonnier qui se prétendait simple journaliste en quête de scoop venu interviewer le Che pour l'éditeur François Maspero. Le colonel ne fut pas dupe ; il se doutait que Debray cachait des informations d'importance capitale. Pour des raisons morales et militaires, l'abattre constituait toutefois une erreur. Il appela en pleine nuit le général Ovando pour faire appel à son bon sens : une telle bavure pouvait remettre en question son avenir politique (il deviendra président en 1969).

« Ceux qui assassinent les citoyens d'un pays libre et indépendant méritent la mort. Régis Debray doit payer ses délits par la mort », pouvait-on lire sur les murs de La Paz. *Le Nouvel Obs* titrait sa une du 24 mai 1967 : « Fusilleront-ils Régis Debray ? » Le général Barrientos s'écriait : « Les aventures de Régis Debray se termineront en Bolivie ! » De quoi évidemment inquiéter... La mort était alors une réalité plus triviale qu'aujourd'hui. Mon père l'avait côtoyée de près. L'avait-il apprivoisée ?

Il devait s'en vouloir de ces secondes d'inattention qui l'avaient mis dans cette situation périlleuse : en descendant des montagnes, après un mois passé auprès du Che, il s'était rasé afin que sa barbe ne le trahisse pas. Mais il avait oublié d'enlever les longs poils de son rasoir, preuve irréfutable qui l'accabla. C'est ce que ma mère m'avait raconté enfant, pour me rassurer, lorsque mon père se montrait négligent dans ses visites. « Il est tellement tête en l'air qu'en plus de perdre son passeport au Chili, il a même oublié de nettoyer son rasoir en sortant du maquis en Bolivie. Alors oublier un rendez-vous, ma chérie... » Ses références, le Chili et la Bolivie, ne m'importaient guère. D'ailleurs je crois que je confondais les deux pays, au grand dam de mes parents : il y avait tellement d'exilés chiliens et boliviens qui passaient à la maison que j'étais perdue. Tous avaient de toute manière les mêmes problèmes, de persécution, de papiers, d'exil. Et je ne voyais pas le lien avec ma déception de ne pas voir mon géniteur. J'avais vaguement saisi que je ne devais pas prendre personnellement ses absences et ses étourderies… ce que je ne suis pas certaine d'avoir réussi à faire.

L'ambassadeur américain confia plus tard à son homologue français qu'il avait préservé la vie de mon père, perçu très vite par la CIA comme une prise précieuse, une source de renseignements plus utile vivante que morte. « Ces messieurs de la CIA [qui le font soigner par un médecin et le traitent avec plus de courtoisie que leurs collègues boliviens] ont un gros dossier sur moi, un curriculum vitæ, mes déplacements au cours des deux dernières années, listes d'amis, etc., confia mon père. De la guérilla elle-même, ils savent déjà à peu près tout. Ils ont déjà trois prisonniers dont deux déserteurs, des documents laissés dans un campement abandonné [...]. Ils exhibent même deux photos du Che. Ce n'est donc pas la réalité physique du Che ou sa présence en Bolivie à cette époque qui fait le fond des interrogatoires : elles sont connues depuis longtemps. C'est le contexte, la matière de nos entretiens, les plans, les contacts qui intéressent ces messieurs. »

Mon père se défendra postérieurement vigoureusement d'avoir dévoilé des secrets à la CIA, qui tenait à ce qu'il signe une déclaration publique dans laquelle il renoncerait à ses idées et réprouverait ses écrits, en échange d'une libération discrète et rapide. «Je ne demande qu'une chose: que l'on publie tous mes interrogatoires, tout ce que j'ai dit depuis que j'ai été interrogé par les gens de la CIA, et l'on se rendra compte que je sais cent fois moins de choses qu'eux.» La présence du Che, opérant sous le nom de Ramón, ne faisait plus de mystère. Comme le confirme un militaire: «Ce que Debray a pu nous dire ne change rien à l'histoire, cela ne nous servait pas à grand-chose. Nous savions déjà dans quelle zone se promenait le Che quand nous l'avons capturé. La CIA nous avait apporté un soutien décisif.»

L'Argentin Ciro Bustos avait déjà mené l'armée à la grotte où la guérilla cachait ses vivres, ses médicaments et ses documents et, usant de ses talents de peintre, portraituré tous ses anciens camarades de lutte. «Notre dessinateur», comme l'appelait le chef des services secrets de l'armée, cachait son jeu auprès de son codétenu qui finit par comprendre que le traître était son voisin de cellule. Est-ce que ce fut une surprise pour mon père? Son acolyte n'avait pas caché, depuis le début de l'opération, son manque de conviction. Et sans fougue, la délation devient inévitable.

Les autorités boliviennes, qui détinrent brièvement l'éditeur de mon père, François Maspero, venu soutenir son auteur et ami, lui firent écouter les confessions de Debray, espérant ainsi susciter des aveux. «Un interminable exposé universitaire sur la stratégie mondiale telle qu'on peut la lire dans tous les écrits publiés de ce dernier [...]. Pas un seul détail qui puisse mettre la guérilla en danger. Aujourd'hui encore je reste plein d'admiration pour un tel exploit, accompli face à des tortionnaires », confia-t-il.

Pierre Clostermann, aviateur exceptionnel et compagnon de la Libération, raconta sa mission spéciale en Bolivie : « (L'ambassadeur) Dominique Ponchardier m'a dit que le président bolivien, le général Barrientos, lui-même pilote, avait deux idoles : le "Baron rouge" (Mandred von Richthofen, l'as de la chasse allemande en 1914-1918) et moi-même. Bref, que le général de Gaulle me demandait d'utiliser l'influence que je pouvais avoir sur Barrientos en faveur de Régis Debray. Je pars là-bas. Barrientos me reçoit très amicalement. On parle aviation. J'apprends qu'il a lui-même piloté un des trois T-6 qui ont bombardé une ferme servant de base arrière à la guérilla. [...] On sympathise. Pour me prouver sa bonne foi, il me présente les officiers qui ont interrogé Debray. Dans la pièce d'à côté, la CIA enregistrait tout. [...] Gonzales, l'agent de la CIA, comme son nom ne l'indique pas, est un Américain de Californie. Il me montre la sténo des interrogatoires de Debray. De cette lecture, il en ressort qu'il s'est bien défendu et qu'il a reçu des coups. Je trouve dans ces textes un détail qui m'amuse ; en effet, lors d'un de ces interrogatoires, le colonel Libera, hors de lui, a tenté de le frapper au visage, mais Régis esquiva le coup et Libera se fractura la main droite contre un montant du lit sur lequel Debray était assis. » Un accident du travail pas comme les autres...

Qu'avait donc fait mon père pour provoquer tant de haine chez certains, ou d'intérêt chez d'autres ? En septembre 1966, il s'était consacré à l'étude du terrain le plus propice à l'implantation d'un foyer révolutionnaire au cœur de la cordillère des Andes. Avec comme couverture une étude de sociologie rurale mandatée par un institut de recherche français, il avait arpenté durant deux mois le haut Beni et le Chapare, obtenu malicieusement des cartes militaires, cerné les lieux de repli, et étudié la logistique. Ces régions présentaient l'avantage d'une population dense, de communications faciles entre les villes, et de l'influence du Pérou où un noyau rebelle s'était déjà constitué. Il rentra à La Havane avec deux rapports précis et détaillés, illustrés par des photos, qui furent analysés en haut lieu.

Le Che, grimé et chauve, arriva le 5 novembre 1966 en Bolivie sous l'identité d'un employé de l'Organisation des États américains. Il fut reçu par un contingent de combattants cubains hautement entraînés et triés sur le volet, ce qui atteste de l'importance qu'accordait Fidel Castro à cette opération, financée et montée grâce au soutien indéfectible de Cuba.

Au dernier moment, il fut décidé que le terrain de combat serait établi plus au sud, dans la région du Ñancahuazú, quasi déserte, ingrate, composée d'étroites vallées à la végétation dense, où les paysans survivaient dans des conditions difficiles. La Sierra Maestra était un camp de vacances en comparaison. Pourquoi ce choix ? Nul ne le sait. Les adjoints du Che avaient changé les plans initiaux à la dernière minute. Et Fidel Castro fut mis devant le fait accompli. Cette zone accidentée, et presque insalubre, aux ressources alimentaires dérisoires, ne présentait guère d'avantages, hormis celui d'être proche de l'Argentine, pays natal d'Ernesto Guevara. Ce dérapage initial reste encore incompréhensible… et fut à l'origine de la catastrophe. À moins que le Che ait tout simplement succombé à l'appel de la mère patrie.

En décembre 1966, le leader du Parti communiste bolivien, Mario Monje, revendiqua la direction politico-militaire du mouvement, ce que le Che refusa, arguant qu'il n'avait aucune expérience de la lutte armée. Comme les Cubains toléraient mal la tutelle contraignante des Soviétiques, les autres Latino-Américains se soumettaient difficilement à celle de Cuba. Le PC ne fournira ni hommes, ni matériel, ni relais de propagande. Deuxième grain de sable qui fit s'enrayer l'engrenage. Une fraction dissidente s'allia toutefois au mouvement : huit hommes inexpérimentés mais motivés rejoignirent les troupes rebelles. Trois

Péruviens grossiront l'effectif total d'une cinquantaine d'hommes.

Au début du mois de mars 1967, à la suite de la dénonciation d'un paysan et de la désertion de deux Boliviens, un premier heurt avec l'armée bolivienne eut lieu : le Che n'était pas prêt à livrer bataille. Les militaires occupèrent le campement, ce qui obligea « la procession de clochards bossus » – selon les termes de mon père – à se déplacer constamment de nuit, pour semer les troupes des forces spéciales et l'appareil d'intelligence américain venu seconder les soldats de la région. Deux mille hommes armés et six cents rangers traquaient sur un périmètre escarpé de cent vingt kilomètres. « Une quarantaine de rêveurs don quichotesques du Che » (Pierre Clostermann), une maigre troupe de guérilleros, dont la moitié était malade, et l'autre fébrile.

Les conditions de survie étaient dures. Le Che nota dans son journal, le 4 mars 1967 : « Le moral est bas et le physique se détériore de jour en jour ; j'ai un début d'œdème des jambes. » Puis douze jours plus tard : « Nous avons décidé de manger le cheval car l'enflure [de nos jambes] devenait alarmante. » En plus de la faim, son asthme était son pire ennemi. Fidel Castro rapporta, dans son oraison funèbre : « Il a dit un jour aux guérilleros en Bolivie : "Ce genre de lutte nous donne l'occasion de devenir des révolutionnaires et d'atteindre au degré le plus élevé de l'espèce humaine." » Cette espèce-là passait de la famine à la soif, aux œdèmes, et à la colique. En se surpassant physiquement, ils devenaient dignes du glorieux titre de « soldat de la révolution ». Mais ils n'étaient pas là pour battre des records de résistance physique aux Jeux olympiques : ils devaient s'implanter, se faire accepter des habitants, se ravitailler grâce à eux. Et dans ce domaine, ils ne remportèrent pas la médaille d'or, bien au contraire. Ils ne firent jamais aucun recrutement local.

Les deux agents de liaison, l'Argentin Ciro Bustos, chargé de réveiller des contacts en Argentine, et mon père, alias Danton, avec Cuba et l'Europe, arrivèrent le 20 mars 1967. Pourquoi avoir choisi Danton ? Heureusement, ce n'était pas Robespierre… « De l'audace, encore de l'audace, toujours de l'audace », avait répété Barbe-Rousse en attribuant à mon père ce nom de code.

Le Che résuma, dans son carnet de bord, sa première rencontre avec mon père : « Il [Danton] vient pour rester mais je lui ai demandé de retourner organiser un réseau de soutien en France et de passer par Cuba, ce qui correspond à ses désirs car il veut se marier et avoir un enfant de sa compagne. Je dois écrire une lettre à Sartre et à B. Russel pour qu'ils organisent une collecte internationale d'aide au mouvement de libération bolivien. » J'occupe donc une petite place dans le journal du Che, coincée entre Danton et Sartre. Me voilà rassurée : je ne suis pas un accident mais le fruit d'une volonté, quoiqu'un peu bourgeoise pour un révolutionnaire, de fonder une famille. Je suis en projet. Il faudra neuf ans pour le concrétiser : la prison, les enjeux politiques, les déménagements successifs, les infidélités, ne facilitèrent guère ma venue au monde.

Lors de son procès, mon père raconta les longues semaines passées dans ces montagnes hostiles : « J'ai demandé moi-même à partager toutes les obligations et toutes les corvées de la vie de guérilla, en montant la garde dans le campement et au-dehors, en aidant à la cuisine, à la chasse, et tous les autres travaux de la vie quotidienne. » Des tâches ménagères qui semblaient plus excitantes à réaliser en pleine jungle que dans un petit appartement parisien !

La première fois qu'il fut envoyé en poste de surveillance à l'entrée du campement, un avion militaire survola la zone en mitraillant à l'aveugle. Il eut juste le temps de se cacher dans un trou. Ce fut son baptême du feu. N'importe quelle négligence pouvait s'avérer fatale.

Comment était la vie de ces hommes, cachés dans la montagne ? De jour, ils étaient traqués par les soldats, et de nuit, par des bataillons de moustiques, ennemis féroces attaquant sans relâche, à côté desquels les puces semblaient amicales. Ils marchaient en moyenne dix kilomètres au petit jour puis se reposaient dans des hamacs. « La cérémonie du café du matin était notre communion quotidienne », raconte Ciro Bustos : le Che le prenait amer tandis que les Cubains l'aimaient bien sucré. Guevara dispensait des cours d'histoire et d'économie, et distribuait des livres à chacun d'eux. Bustos était arrivé avec le dernier livre de Julio Cortázar, ce qui avait réjoui son acolyte argentin. La bibliothèque de la guérilla était composée d'une centaine de volumes. Rapidement, il y aura plus d'ouvrages que de médicaments à disposition des guérilleros, tous prêts à donner leur vie pour le Che, malgré ses réprimandes sévères et sa rigueur implacable, envers lui-même comme envers les autres.

Mon père reconnut humblement ne pas faire partie de l'aristocratie des combattants clandestins : « Je n'avais ni le droit ni le devoir de combattre, ni d'être considéré comme un guérillero. [...] Quand j'ai parlé au Che de mon incorporation à la guérilla il m'a répondu que je n'étais pas suffisamment entraîné à la vie en forêt et que pour lui dix intellectuels de la ville valaient moins comme guérilleros qu'un seul paysan de la région. » Il devait sans doute être un peu vexé...

A-t-il tué quiconque lors des embuscades avec l'armée ? Peut-être par erreur, mais sûrement pas volontairement. Il abattit en tout cas un ours brun, « lourd à porter », qui permit de nourrir toute la troupe. Reconnaissante, elle prénomma sa base de repli « le campement de l'ours ».

Au bout d'un mois, le 19 avril 1967, les deux agents de liaison quittèrent le groupe, profitant de la visite inopinée du journaliste britannique George Roth. Était-il un agent américain ? Nul ne se méfia de lui. L'Argentin Bustos, peu motivé, avait hâte de retrouver sa famille ; et mon père, de se mettre au service du Che en devenant son indispensable agent de liaison. Ils furent déposés au village de Muyupampa avec la mission de sortir discrètement de la zone pour accomplir leurs missions respectives de propagande. Comment se déroulèrent les adieux ? « Le journal du Che ne reflète pas l'opinion complète qu'il avait de Debray, homme qu'il estimait énormément, à qui il concédait une grande valeur intellectuelle. Che lui a dit qu'il devait partir et que plus tard il aurait plus de temps pour concrétiser son expérience de guérillero », narre un des rares survivants.

Dès le lendemain de leur départ, le Che apprit l'arrestation des partants, « compromis parce qu'ils avaient de faux papiers. Danton devrait bien s'en sortir », nota-t-il dans son journal. Fidel Castro souligna à son tour : « Le journal révèle la grande inquiétude que suscitèrent chez le Che l'arrestation et l'emprisonnement de l'écrivain révolutionnaire auquel il avait confié une mission en Europe, bien que, au fond, il eût préféré qu'il restât à ses côtés, dans la guérilla. » Il ne restait alors plus que vingt-cinq hommes, malades, traqués et isolés. Mais le mythe du Che et de son invincible guérilla – l'échec du Congo n'était pas encore connu – continuait à alarmer les autorités boliviennes, entièrement mobilisées pour éradiquer cette prétendue dangereuse rébellion.

Durant deux mois, jusqu'à la fin juin 1967, mon père fut maintenu au secret, changeant de lieux de détention régulièrement, passant de casernes à des prisons improvisées, d'interrogatoires musclés à des journées de confinement, menotté de jour et attaché la nuit. Concevait-il alors un avenir ? Ou la survie au jour le jour devint-elle son unique aspiration ? Je me demande à quoi on pense dans ces moments de solitude et de douleur... mais peut-être qu'on ne pense à rien, justement, pour préserver ses forces.

La Bolivie n'était pas le genre de pays où on était déféré devant un juge pour des chefs d'accusation précis. Son chef de l'État, le général Barrientos, traitait « de rats et de vipères » les « insurgés », et tenait à « châtier Debray » en tant qu'instigateur de ce foyer d'insurrection. Afin que les mineurs ne s'associent pas à la guérilla, malgré les six cents kilomètres qui les séparaient, il ordonna l'assaut surprise des campements de la mine la plus importante du pays, celle-là même que mes parents avaient connue et filmée trois ans auparavant. Les femmes et les enfants ne furent pas épargnés, assassinés dans leur sommeil ou à peine éveillés par les cris et les tirs. La cruauté de ce massacre, dit de la nuit de la Saint-Jean, le 24 juin 1967, incarne l'état d'esprit de l'époque. Le nombre officiel des victimes est de 20 morts et 72 blessés mais le chiffre réel reste encore inconnu. Plusieurs centaines de disparus ne sont jamais revenus. Il s'agissait bien d'une guerre à mort, sans compassion.

Une fois ses réseaux parisiens alertés sur le triste sort de son fils, ma grand-mère s'envola vers La Paz. Mon grand-père resta à Paris, contraint par ses obligations professionnelles et servant de messager entre la Bolivie et la France. Après vingt-quatre heures de voyage, Janine arriva étourdie par la fatigue, la lumière froide et le manque d'oxygène de cette capitale, la plus élevée du monde. Tout lui était hostile, et si étranger à ses codes et à ses habitudes. En guise de comité d'accueil, la mère d'un soldat tué au combat l'attendait à l'aéroport, persuadée que Régis était l'assassin de son fils. Une quarantaine de soldats périront dans l'éradication de la guérilla. À l'hôtel, elle fut assaillie de coups de fil de menace, ou d'offres d'aide. À qui faire confiance ?

Elle pouvait heureusement compter sur l'appui indispensable de l'ambassadeur de France en Bolivie, Dominique Ponchardier, un ami personnel de longue date en charge de faire prospérer une coopération franco-bolivienne fructueuse. Ancien chef de réseau de la Résistance et ancien responsable des commandos anti-OAS, cet homme imposant et charismatique était l'inventeur du mot «barbouze», et l'auteur de la fameuse série d'espionnage *Le Gorille*. De Gaulle l'avait envoyé en Bolivie, espérant que cette destination l'inspirerait. La réalité s'avérera encore plus cocasse que la fiction... Il comprenait d'autant plus le désespoir de son amie qu'il avait lui-même perdu un fils dans sa lutte contre l'OAS, qui avait perpétré sept attentats contre lui et sa famille. Il était secondé dans ses efforts par Thérèse de Lioncourt, ancienne radio dans la Résistance devenue consule à La Paz, après avoir été convoyeuse de l'air à Diên Biên Phu. Elle inspirait la considération à tous les militaires boliviens, impressionnés de la voir piloter son avion et parler avec autorité aux haut gradés, de soldat à soldat, droit dans les yeux.

«Comment je peux lui expliquer tout cela, à cette mère qui vient demander la grâce de son fils. Cette femme, c'est un sacré bonhomme que j'admire et redoute un peu à la fois. C'est aussi une vieille amie de la Résistance, du RPF. Comment lui dire que nous sommes ici dans un autre monde, où rien ne se passe comme ailleurs. Comment lui expliquer la susceptibilité tout hispanique de ce peuple à quatre-vingts pour cent indien. De ces Aymaras qui sont à la fois les plus pacifiques, les plus accueillants des hommes et parfois, quand la passion politique les entraîne, les plus sanguinaires qui soient», s'interrogeait son complice Ponchardier dans *Paris Match*. Elle insistait pour s'entretenir avec le général Barrientos, afin de lui demander sa clémence : «Je la recevrai quand j'aurai le temps», répondit-il publiquement. Il n'était ni aux ordres du général de Gaulle, ni à la disposition d'une conseillère municipale de Paris éplorée... Et l'indulgence n'était pas son genre.

Commença alors une période durant laquelle mes grands-parents mirent entre parenthèses leur joyeuse existence dans la haute société parisienne, pour se consacrer entièrement au sort de leur fils : ils ne parlaient pas l'espagnol, appréciaient aussi peu les militaires que les guérilleros, et se sentaient plus à l'aise dans un cocktail mondain qu'au milieu de la jungle bolivienne. Ils passaient de l'un à l'autre, se relayant en Bolivie, avec une abnégation admirable, se soutenant mutuellement, et gardant toujours espoir. Comme les veuves qui s'habillent en noir pour afficher leur deuil, ma grand-mère avait décidé de ne plus se couper les cheveux, ni de boire une goutte de champagne, tant que son fils serait en prison : autant de sacrifices pour cette femme moderne, persuadée que les cheveux courts étaient gage d'émancipation, et le champagne, gage de légèreté, deux attributs indispensables à une vie réussie. Elle trinqua, l'air morne, avec la Callas et une coupe vide, lors de la nouvelle année 1968 célébrée à Paris chez des amis communs. Elles étaient toutes les deux coiffées d'un beau chignon qui leur donnait des allures de princesse grecque tragique. Leur regard était hagard.

Janine se devait toujours d'être impeccable, au point qu'elle ne pouvait apparaître devant des journalistes avec un bas filé, encore moins sans bas, malgré la chaleur accablante de Camiri. Et trouver un bas à

Camiri, hameau de quelques âmes où on construisait en toute hâte une pension pour accueillir les visiteurs venus commenter ou participer à «l'affaire Debray», était comme chercher une aiguille dans une botte de foin. Mais ses tailleurs chics étaient sa manière à elle de refuser ce monde désordonné, inattendu et déconcertant qui l'irritait car il lui réservait toujours des mauvaises nouvelles. Elle s'affichait la tête haute, en ensemble strict et hauts talons, dans les ruelles de terre de ce bourg isolé au milieu de cette région chaude et désertique du Chaco, où les maisons étaient basses et tristes. Elle n'avait pas pris le temps de pleurer. Elle était dans l'action : prouver par tous les moyens que son fils avait sans doute commis un délit d'opinion, mais n'était certainement pas ce criminel que les militaires boliviens traitaient sans ménagement.

Les réseaux officiels français, qu'elle n'avait eu de cesse de solliciter, étaient ceux-là mêmes contre lesquels son fils s'était insurgé. Tous se mobilisaient pour la libération de ce potentiel opposant politique. Mais au-delà des différences de point de vue, il était avant tout français et normalien : deux distinctions à défendre coûte que coûte. Et si on pouvait aussi faire comprendre aux Américains que leur lutte contre le communisme avait des limites, et supposait le respect des droits d'un citoyen français, ce n'était pas plus mal... À l'époque, l'État français était fier de revendiquer son indépendance à l'égard de «l'empire yankee». Les plus hautes instances insistèrent auprès des services américains pour que ces derniers imposent aux autorités boliviennes un procès légal, idée que le général Barrientos rejetait initialement. Mon père était à ses yeux un prisonnier de guerre qui ne méritait ni justice ni pitié. Les États-Unis firent visiblement des efforts : « Telex du département d'État à son ambassade à Paris : La mission US à La Paz a exploité toutes les occasions pour faire comprendre au GOB (gouvernement bolivien) que le prisonnier doit être traité humainement... Vous pouvez en informer la famille... Nous continuerons à exhorter les Boliviens à appliquer des normes acceptables de procédure régulière, y compris un procès équitable ; et à souligner les bénéfices qu'en tirerait le GOB. » Mon père les remerciera par un éternel antiaméricanisme, bien qu'il récuse l'expression, lui préférant celle d'anti-impérialisme.

Tout opposait la mère et le fils, hormis ce caractère entier, cette exigence morale qui les poussait tous deux à se dépasser, cette volonté obsessionnelle et perfectionniste qui leur donnait la force de bouger des montagnes. Ils étaient aussi sincères, désintéressés et passionnés l'un que l'autre. Tout comme ils aimaient se faire remarquer : sans jamais l'avouer, la lumière les flattait, la notoriété les rassurait.

Mon père redevenait un petit enfant en sa présence. Avec le temps, il réussit à contenir son animosité, et mobilisa, avec effort, son indulgence, mais ses agacements finissaient toujours par affleurer. Elle essayait de lui faire plaisir, maladroitement, en se montrant trop généreuse, trop «enchantée» de le voir, trop protectrice. Rien n'y faisait. Mon père était vite exaspéré : il levait ses yeux au ciel, soupirait, bafouillait. Elle reportera sur moi ses élans d'affection, à ma plus grande satisfaction. Et mon père ne serait plus au centre de ses attentions, à son plus grand soulagement. Les années de prison n'avaient décidément pas lissé les conflits, ni colmaté les blessures. J'en étais le témoin muet… et la bénéficiaire.

Mon grand-père, d'un tempérament plus calme et philosophe, disait de son cadet : « Pour moi, Régis a l'affection d'un fils instituteur pour son père paysan analphabète. » J'ai toujours apprécié son esprit fin et sa discrétion, reposante et tranquillisante. Et son humour aussi. Un soir, alors que nous dînions en tête à tête autour d'un menu raffiné dont il avait le secret, il me raconta comment Janine s'était obstinée à envoyer à son fils en prison, pour Noël, une boîte de foie gras et une tablette de chocolat. Elle avait mobilisé tout le service diplomatique pour que ces délicates victuailles arrivent au destinataire le jour de la Nativité. Avec le long trajet depuis Paris, la chaleur régnant à Camiri, et la désinvolture des militaires peu enclins à l'empressement quand il s'agissait de mon père, le tout était devenu une soupe avariée et peu ragoûtante. Mon grand-père savait bien que mon père détestait le foie gras, qu'il avait placé dans la catégorie des produits bourgeois à bannir d'autant plus que son estomac délicat l'empêchait de le digérer, mais « il fallait bien que ta grand-mère s'occupe de lui… même si c'était contre-productif, c'était plus fort qu'elle ! ». Nous avions essayé d'imaginer la grimace de mon père recevant le petit colis de sa mère et nous avions bien ri. La lucidité de mon grand-père sur sa femme et son fils trahissait sa grande sensibilité. Il n'y avait pas d'homme plus tendre que lui.

Une après-midi monotone, de celles qui vous filent le bourdon, alors que je suis empêtrée dans l'écriture de ce livre, pas totalement certaine d'y aboutir, je tombe par hasard sur la voix de mon grand-père, en écoutant France Inter.

« Je suis tellement content que mon fils puisse parler enfin à un journaliste français. Maintenant je peux le voir, et on va pouvoir bien travailler ensemble pour anéantir cette extraordinaire accusation. Ça me paraît un procès du Moyen Âge. J'ai l'impression qu'on refait le procès de Jeanne d'Arc puisqu'on m'a demandé de le faire abjurer, ce que je n'ai pas voulu faire. Je n'ai pas ses opinions mais ce n'est pas pour autant que je vais faire abjurer mon fils, compte tenu de la situation dans laquelle il est. On ne l'a pas bien compris ici. »

Je suis émue d'entendre cette intonation familière, posée, réconfortante, pour la première fois depuis son décès. C'était souvent la dernière voix du soir, enfant, avant de m'endormir : une petite fable de La Fontaine, des caresses dans le dos, et Morphée débarquait sans me laisser le temps d'apprécier le concert de musique classique qui résonnait du salon. J'ai toujours eu tendance à oublier que mon grand-père était aussi le père de mon père : ce dernier se montrait tellement froid et distant avec lui que la filiation n'était pas évidente. Il y avait plus de lien, d'affection, de conversation, avec ma mère, son ex-belle-fille, qu'avec son propre fils. En entendant cet entretien entre Georges et Régis, qui date du début du mois de septembre 1967, cette parenté redevient évidente ; elle n'est plus théorique, elle est réelle, vivante.

Mon père, d'une voix de jeune homme, répondit sur un ton péremptoire que je lui connais bien : « Ne dramatisons pas. C'est le procès des temps modernes. Mon père ignore que le Moyen Âge règne dans beaucoup de pays. C'est tout.»

«C'est une question de génération. Depuis les quelques semaines passées ici, j'avoue que je me rapproche de lui. Et sa mère, la réac numéro un comme on l'appelle ici, se rapproche aussi de lui depuis qu'elle est venue ici. Elle voit des choses qu'elle ne soupçonnait pas», avoue Georges. Mes grands-parents ouvraient les yeux sur une réalité qu'ils ignoraient. C'était la première fois qu'ils s'immergeaient dans le tiers-monde. Et leur immersion fut violente et totale.

J'avais eu la réponse à mon questionnement initial. Je savais maintenant que mon père n'avait fourni aucun élément permettant, six mois après son arrestation, la capture du Che. J'aurais pu en rester là, me contenter de cette vérité qui me soulageait. Mais je n'ai pas pu m'arrêter au milieu du gué; j'ai voulu connaître la fin de l'histoire. J'ai alors pris le chemin des archives des Affaires étrangères. Ce lieu paisible m'a toujours réconfortée : les archives ne mentent pas. Des preuves poussiéreuses n'attendent que notre attention pour témoigner. Mais c'est une véritable chasse au trésor : traquer le bon dossier, demander la fiche exacte, se perdre dans des chemises mal classées, et se confronter à la réglementation implacable. « Ce carton ne peut être communiqué avant 2051. » Pourquoi celui-là plutôt qu'un autre ? Je me contenterai de ce qui est accessible : des télex et des rapports échangés entre l'ambassade de France à La Paz et Paris, factuels, précis, instructifs. J'ai aimé me plonger dans cette époque ; j'ai apprécié le style élégant des services diplomatiques français. Et j'ai été frappée par leur extrême dévouement à l'égard d'un homme qui n'était ni un ami ni un allié. Mon père était au centre des préoccupations bilatérales entre la France et la Bolivie, empêtré dans une situation parfois grotesque, souvent douloureuse.

« Les réactions importantes de l'opinion mondiale ont fait comprendre aux autorités boliviennes qu'une disparition pure et simple [de Régis Debray] pouvait desservir la cause qu'ils défendaient », explique une note diplomatique française. Le général Barrientos, surpris par la mobilisation internationale autour de « l'affaire Debray », tenta de redresser son image, d'affreux bourreau à honorable militaire en situation de légitime défense. Il autorisa de rapides entrevues tenues sous haute surveillance, d'abord avec Mgr Kennedy, vicaire des forces armées boliviennes, le 21 juin 1967, qui témoigna de la bonne santé du prisonnier, puis quinze jours plus tard avec un reporter de l'Associated Press, qui remarqua les bosses sur son visage et une cicatrice au-dessus de son œil droit.

Mon père est si craintif pour les autres. Il n'a jamais supporté qu'on me fasse une piqûre en sa présence ou que je m'approche trop près du vide. Comment a-t-il supporté les coups ? Comment a-t-il maîtrisé la douleur ? La jeunesse et l'espoir devaient être les meilleurs remparts contre la détresse…

Passer de l'ombre à la lumière, des coulisses de la lutte armée aux premières pages des journaux, ne fut pas aisé pour mon père, inquiet de cette soudaine exposition médiatique. Il fut d'abord rassuré, comme il le confia à *Paris Match* : « Je suis vraiment ému par toute cette campagne de solidarité autour de moi. Je n'en savais rien car l'on m'a toujours convaincu que personne ne s'occupait de moi, que l'on me considérait comme mort. Aussi quelle surprise ! » Après l'émotion, le militant resurgit en lui ; il s'insurgea. Contre ce « cirque dans lequel on me fait faire le clown », contre « cette notoriété de mauvais aloi, ce dégoûtant étalage de bons sentiments auquel ma détention a donné lieu, qui est une manœuvre, spontanée ou non, peu importe, de nos adversaires, qu'il faut déjouer et dénoncer. Cela permet de ne pas s'occuper de la lutte des classes, ni de la Bolivie ». Ou encore : « J'ai profité d'un réflexe de solidarité bourgeoise pour sauver un enfant perdu mais qu'on souhaiterait prodigue, c'est injuste et c'est indéniable. » L'ambassadeur de France avait raison de l'appeler Saint-Just.

Ces diatribes me font sourire aujourd'hui, d'autant plus qu'elles semblent sincères. Aurait-il préféré qu'on le laisse croupir tranquille dans sa geôle et qu'on l'oublie ? Comme le rappelle le Che dans son journal : « Le battage de l'affaire Debray a donné plus de valeur guerrière à notre mouvement que dix combats victorieux. » Fidel Castro avait raison de miser sur un Malraux... Il ne le laissera jamais tomber : durant son emprisonnement, et après, mon père pourra compter sur le soutien indéfectible du régime cubain. Mes parents ont pu vérifier le fameux dicton : « Avec Fidel, tout ; contre Fidel, rien. »

« Mon Dieu qu'il a changé ! Jamais je n'avais vu Régis se tenant ainsi la tête levée avec tant de calme et de résolution dans le regard», confia ma grand-mère à *Paris Match* à la vue de photos prises dans la cour de la prison de Camiri, qui témoignaient que mon père avait bien reçu un dossier d'accusation de soixante-seize pages : la justice bolivienne reprenait ses droits et une procédure légale était enfin entamée. Mais le début du procès, toujours imminent, était sans cesse repoussé.

Après de multiples tractations et d'infinis pourparlers, ma grand-mère put enfin voir son fils. Elle avait passé de longues semaines, résignée, à attendre que les forces armées accèdent à sa demande. Le 22 juillet 1967, dans une petite pièce de deux mètres sur deux surveillée par des officiers, elle put parler à son fils durant quarante minutes. «Ne pleure pas maman», titra *Paris Match*. Mon père prit sa mère dans les bras, devant l'objectif d'un photographe. Les photos témoignèrent au monde que les «bienveillants» Boliviens détenaient mon père dans de bonnes conditions, même s'ils lui avaient infligé quelques jours la tenue humiliante de bagnard. Tous deux semblaient embarrassés, ne sachant trop quoi se dire, scrutés par les militaires et enregistrés par un magnétophone. Ils osèrent finalement aborder des sujets cruciaux : les conditions du procès à venir, l'avocat commis d'office «acheté par le gouvernement». Mon père anticipait déjà une condamnation lourde et irrévocable. Ma grand-mère le quitta en faisant le V de la victoire. Elle s'était efforcée de sourire mais le cœur n'y était vraiment pas.

Après des impairs commis par arrogance et ignorance, ma grand-mère, qui avait eu au moins la satisfaction de revoir son fils, regagna Paris. Mon grand-père vint la remplacer en Bolivie. Il venait assister son fils, en tant que père et avocat. Son attitude modeste et compatissante avait le mérite d'amadouer les geôliers de son rejeton indocile et fier. Il arrivait avec la triste nouvelle du décès de sa mère adorée, Nany, avec qui le petit Régis jouait au bridge le jeudi après-midi. À peine commencé ses cours de philo, mon père lui avait annoncé avec aplomb : « J'ai une mauvaise nouvelle pour toi, Nany : Dieu n'existe pas. » Il était attaché à ce petit bout de femme énergique qui n'hésita pourtant pas à le déshériter, lui son petit-fils préféré devenu révolutionnaire. Les communistes étaient contre l'héritage ; il fallait bien vivre selon ses principes ! On lui avait quand même mis de côté quelques bagues qu'il s'empressa de vendre – mal – à sa sortie de prison.

L'ambassade de France tenta d'obtenir un rapatriement à La Paz et un statut de détenu politique, qui lui aurait garanti la possibilité de lire, écrire, recevoir des lettres et des visites régulières. Autant de vains espoirs. Il sera jugé par un conseil de guerre, aux ordres du pouvoir exécutif, dans ce village isolé de Camiri qui gagna soudainement en notoriété et en activité. Mon père, récalcitrant, n'avait guère d'autre choix que de se plier à la mise en scène organisée par les autorités boliviennes : son procès relevait plus de la farce que de la loi. La peine de mort fut toutefois écartée, même si le général Barrientos demanda au Congrès de la rétablir pour l'occasion, mais la peine maximale de trente ans de travaux forcés était sérieusement envisagée. Roger Lallemand, grand avocat belge et futur ministre socialiste, délaissa son cabinet de Bruxelles pour le défendre ; mon grand-père le secondait dans ses efforts. Jusqu'à la dernière minute, ils crurent pouvoir assurer la défense de Debray. Leurs droits ne furent pas reconnus. Mon père demanda alors à assurer lui-même sa défense, ce qui lui fut aussi refusé. Il ne pouvait donc compter que sur un avocat commis d'office et une parodie de procès pour faire entendre sa voix, dans un pays en guerre contre un dangereux ennemi intérieur dont il était l'incarnation.

La présence du Che en Bolivie ne faisait plus de doute pour personne. Le 1ᵉʳ juillet 1967, il note dans son journal : « Barrientos a donné une conférence de presse au cours de laquelle il a admis ma présence, mais prédit que je serais liquidé en quelques jours. » Il faudra plutôt quatre mois pour que des milliers d'hommes capturent une dizaine de héros, affamés et désorientés. « La légende de la guérilla prend des proportions fabuleuses ; nous sommes devenus des surhommes invincibles. […] Debray continue à occuper le centre des informations mais maintenant c'est en rapport avec moi et j'apparais comme le chef du mouvement », poursuit-il.

Le Che suivait de sa montagne les événements, jour après jour et dans les moindres détails, grâce à une petite radio qui lui permettait uniquement d'écouter les nouvelles, pas d'émettre de messages. « On a entendu une interview de Debray, très courageux, face à un étudiant provocateur », nota-t-il un soir, comme un père satisfait de son ouaille. Il avait en effet dû faire face à une manifestation de jeunes

115

universitaires hostiles, manipulés par la propagande gouvernementale et venus le défier à la porte de la prison. Les militaires l'avaient laissé discuter avec eux, persuadés qu'ils le lâchaient dans une cage aux lions dont il sortirait anéanti. Ils ne pouvaient pas imaginer que la rhétorique sophistiquée du normalien allait venir à bout du mécontentement estudiantin. Mon père n'avait que quelques années de plus qu'eux mais quelques longueurs d'avance en théorie marxiste. L'expérience ne sera plus jamais renouvelée.

« La seule nouvelle de la radio est qu'on a menacé Debray père d'un coup de feu en l'air, et qu'on a confisqué au fils tous les documents préparatoires pour sa défense, sous prétexte qu'ils ne veulent pas que celle-ci se transforme en tribune politique », raconte le Che. La sécurité des deux Debray à Camiri devint un sujet qui préoccupa sérieusement les services diplomatiques français, qui purent enfin avoir accès au prisonnier le 27 septembre 1967, soit six mois après son arrestation. On craignait une bavure transformée en tentative d'évasion, ou un coup de feu vengeur. Finalement, l'ambassade de France obtint que les trois cents mètres qui séparaient la prison du tribunal soient parcourus en fourgon blindé, que les six accusés – deux étrangers, Régis Debray et Ciro Bustos, et quatre déserteurs boliviens – soient entourés d'une escorte de plusieurs militaires pour entrer et sortir du fourgon, et que le tribunal soit gardé tous les deux mètres par des soldats armés. Même l'avocat commis d'office de mon père réclama une protection policière compte tenu de l'animosité grandissante à son égard.

Le gouvernement bolivien, abasourdi par l'attention que pouvaient porter à un jeune marxiste égaré tant de personnalités de tous bords, s'était rallié à l'idée qu'une bavure déteindrait sur l'image du pays. Toutes les facilités furent même accordées sans rechigner à la centaine d'observateurs et de journalistes venus suivre le procès de l'année dans ce coin perdu transformé en zone d'effervescence internationale.

Dès le début de « l'affaire Debray », la CIA et les services boliviens mirent sur écoute l'ambassade de France à La Paz, mes grands-parents, puis leurs interlocuteurs réguliers. À la rentrée 1967, toutes les conversations téléphoniques entre la France et la Bolivie étaient surveillées !

Mon père était-il au courant de tous les soins et tractations dont il était l'objet ? Il se souciait de la santé de mon grand-père, diminué par la chaleur, l'angoisse et l'abattement. « Il m'a semblé très soucieux pour son père que le séjour à Camiri épuise », écrivit la bienveillante consule de France à La Paz, Thérèse de Lioncourt dans une note diplomatique. Se sentait-il responsable de faire traverser à son père une telle épreuve ? Ce fils attentif souffrait lui-même dans une cellule de deux mètres sur trois étouffante : « Je m'emmerde, je suis dans le noir tout le temps. Il n'y a pas d'air. Ça fatigue beaucoup », confia-t-il à un journaliste lors d'une entrevue de dix minutes, tenue sous surveillance militaire stricte et enregistrée, à la veille de son procès. Il s'insurgeait contre « la presse bourgeoise » qui faisait « ses choux gras » avec son arrestation, mais ne rechignait pas à répondre aux rares interviews agréées par les militaires. C'était pour lui l'occasion de voir des visages compatissants et de parler en français. La fenêtre de sa cellule était obstruée par des planches. Il s'éclairait à la bougie, quand on lui en donnait une. Sous la pression internationale, la lucarne fut rouverte. Il avait compris comment faire pression sur ses gardiens peu enclins à la sympathie...

Il n'avait pas accès à sa correspondance mais on lui avait toutefois permis d'envoyer une lettre au général de Gaulle, une lettre restée confidentielle :

« Monsieur le Président de la République,

Quand j'ai appris que le Général de Gaulle avait daigné intervenir, il y a quelques mois, pour un jeune Français arrêté en Bolivie, je n'ai pu que rougir, envahi par la confusion et l'embarras.

Rien dans ma personne ne justifiait une aussi haute intervention. Aujourd'hui, cette extraordinaire marque de sollicitude me donne le courage et comme l'autorisation d'y répondre, avec un retard imposé par les circonstances de ma détention, que vous voudrez bien pardonner. Je veux simplement vous exprimer mon émotion, ma gratitude, mon respect.

Permettez-moi, Monsieur le Président de la République, d'exprimer un peu plus que ma gratitude personnelle. Comme vous le savez peut-être, l'Amérique latine se trouve au seuil d'une douloureuse épopée qui, sous des formes diverses, et avec des moyens imposés par la réalité de chaque pays, la conduira à se libérer de l'écrasant voisin qui la pille et la méprise, à recouvrer son visage et son passé, la liberté de choisir son avenir et ses amis. Je ne suis rien pour parler au nom des hommes que l'histoire a choisis pour incarner et diriger cet immense combat, mais, pour être leur ami et pour être français, je puis témoigner de ce qu'ils pensent et m'ont dit, à plusieurs reprises. La dignité qu'ils cherchent à retrouver pour eux-mêmes et pour leurs pays, votre nom l'incarne. Hier ils n'étaient rien, mais ils sont aujourd'hui assez pour qu'on les craigne et les calomnie, pour qu'on étouffe leur voix. Je n'ai pas rencontré un patriote, en Amérique latine, ouvrier, étudiant, intellectuel, qui ne ressente admiration et sympathie pour votre nom. Dans les montagnes, quand on écoute, le soir, autour du feu, les radios étrangères, on est heureux de capter la voix de la France qui, lointaine, inintelligible pour beaucoup, discordante parfois, alimente néanmoins l'espoir. Du Guatemala à la Bolivie, même si leur manière d'agir vous choque, les maquisards, et ceux qui les entourent, admirent et comprennent en vous autant le passé que le présent, autant le chef de la Résistance française que le porte-parole de l'indépendance nationale, de toutes les indépendances et de toutes les nations.

[...] Permettez-moi de témoigner, d'après ce que j'ai vu et entendu, que la France n'a jamais été aussi entourée, respectée et admirée. Il faut être aveuglé par son bien-être pour ne pas apercevoir ce pont de confiance jeté, d'une manière insolite, entre la foule des réprouvés d'Asie, d'Afrique et de l'Amérique, pas assez riches pour se faire entendre sur les devants de la scène, et une grande nation d'Europe qui dit haut et clair ce que tout le monde pense et n'ose dire. Je souhaite, Monsieur le Président de la République, que vous ne mettiez pas sur le compte des circonstances ce modeste et inutile hommage à une bonne part de votre action.

Je vous prie de croire, Monsieur le Président de la République, à mon profond respect.

Régis Debray »

Certains déclarent aujourd'hui que le gaullisme paternel lui est venu sur le tard, après son désenchantement mitterrandien. Ils ne savaient pas que mon père avait collé sur un mur de sa cellule la couverture d'un *Paris Match* montrant le général en uniforme. Une photo du Che ou de Fidel aurait été certainement mal venue : le buste solennel de son ange protecteur régnait donc seul dans son antre, où il avait désormais accès à du papier et un stylo. Retrouvait-il force et espoir ?

Le procès se tint dans un tribunal improvisé : la bibliothèque du syndicat pétrolier fut réaménagée succinctement pour l'occasion. Les voisins avaient apporté des chaises et des bancs, et les militaires avaient construit en toute hâte une estrade pour accueillir les cinq colonels en charge du jugement. Les familles des soldats morts au combat côtoyaient les soutiens de Debray et de Bustos ; des jeunes paysans hostiles défiaient du regard les inculpés. La chaleur de la salle était suffocante. Entre appel à faux témoins et appel à vrais témoins mais aux témoignages mensongers, les séances furent régulièrement interrompues pour cause de désordre dans la salle. On entendait la foule scander à la sortie du tribunal : « Mort aux guérilleros ! » Tous les matins, durant un mois, mon père supporta cette mascarade : son air revêche et crispé révélait son malaise. On pouvait lire de la dignité et de la dureté dans son regard. Il avait perdu la candeur de la jeunesse. À vingt-sept ans, il en paraissait dix de plus ; c'était le contraire, six mois auparavant.

De nombreux reportages relatent ce procès. Je

n'aime pas les regarder, je les évite, dérangée par l'obscénité de ces images. Je ne veux pas voir mon grand-père fatigué et amaigri, fouillé par de jeunes soldats brutaux à l'entrée du tribunal ; ni mon père, fumant cigarette sur cigarette, cherchant une contenance pour ne pas laisser affleurer sa gêne de devoir jouer un rôle de composition et son accablement, puisque l'issue du procès était quasiment certaine. Ils se montrent tous deux si vulnérables, comme abandonnés en milieu adverse, ou perdus sur le tournage d'un mauvais film.

Le 10 octobre 1967, en pleine audience, un haut gradé annonça la mort du Che. Le silence se fit dans la salle durant quelques secondes, des secondes d'incrédulité et de stupeur. Mon père se prostra, la tête entre les mains. Puis le brouhaha reprit.

Les photographes mitraillaient la scène tandis que les journalistes s'agitaient, et les militaires se levaient pour se congratuler. C'était bien la première fois que les forces armées boliviennes gagnaient une guerre. Mon père, lui, restait terrassé, saisi par la violence de la nouvelle. Les foudres de l'histoire venaient de s'abattre sur lui.

Il y aura dorénavant un avant et un après, non seulement pour lui, la Bolivie, ou Fidel Castro, mais pour le monde. Mon père mesure-t-il alors la portée de ce point d'inflexion ?

De longues minutes s'écoulèrent sans qu'il ne bouge. À quoi pense-t-il ?

Dès le lendemain, mon père, qui défendait jusqu'à présent sa qualité d'innocent journaliste, changea sa stratégie de défense et plaida coupable. Il ne put cacher son émotion : « J'aurais voulu mourir avec le Che. [...] Ma plus grande douleur aujourd'hui est de ne pas être mort à ses côtés », déclara-t-il devant le conseil de guerre. Mon grand-père, dans la salle, ne dut guère apprécier ces mots... Mon père les pensait-il vraiment ?

Il poursuivit, pour aggraver encore son cas : « Je suis responsable d'avoir justifié et prôné la guerre de guérilla, et j'accepte cette responsabilité comme une faveur. [...] Il y a plusieurs manières de combattre. La diffusion et l'explication sont aussi une forme de combat qui n'exclut les autres que temporairement. [...] Entre la violence des militaires et la violence des guérilleros, entre la violence qui réprime et celle qui libère, chacun prend son parti. » Et avec une grande lucidité, il conclut : « La mort du Che ne marque pas la fin de la lutte anti-impérialiste mais bien son début, tout en lui donnant son drapeau, d'une manière irréversible… » Exemple et guide, Guevara restera immortel. « L'empire yankee » avait gagné la bataille sur le terrain, mais il avait perdu la bataille des cœurs et des rêves, fournissant un martyr à une gauche avide de symboles.

À Cuba, la nouvelle se heurta à un mur de perplexité. Habitués aux rumeurs, et persuadés de l'invulnérabilité du Che, les Cubains restèrent incrédules. Il fallut que Fidel Castro l'annonce, le 15 octobre 1967, au micro de Radio Habana, et décrète un deuil national, pour que les plus sceptiques se rendent à l'évidence : « Le Che n'a pas survécu à ses idées, mais il a su les nourrir de son sang. » Lors de la veillée funèbre, sur la place de la Révolution, le commandant en chef de la révolution souligna, dans un discours fleuve, « le stoïcisme révolutionnaire » et « l'esprit de sacrifice » du camarade Che. En citant le défunt – « Encore maintenant et tant que le monde est ce qu'il est, je souhaite n'avoir pas à mourir dans mon lit. […] Qu'importe où nous surprendra la mort : qu'elle soit la bienvenue pourvu que notre cri de guerre soit entendu… » – il paracheva le mythe. La photo d'Alberto Korda en sera le porte-étendard.

Mon père n'avait plus à protéger le Che et se savait condamné par avance. Les audiences s'accélérèrent. Il reçut finalement le droit d'assurer sa plaidoirie. Il prit enfin la parole, après avoir « écouté pendant un mois, assis et muet comme s'il avait été complètement absent des débats, un déluge méticuleusement orchestré de calomnies, d'insinuations et de mensonges ». Indigné, il s'insurgea contre la méthode d'accusation : aller non pas des preuves aux charges mais des charges aux preuves. « Bien que j'aie proclamé cent fois que je regrette de ne pas être coupable comme l'aurait souhaité le procureur, que je regrette de ne pas être mort aux côtés du Che, je ne vous donne aucun droit juridique à me condamner parce qu'en matière pénale on condamne des faits et non des intentions. [...] Sanctionner des aspirations ou des dispositions est précisément la raison d'être des procès politiques. » Puis il s'enflamma dans une rhétorique de prétoire durant plus d'une heure : « C'est le drame de l'histoire, de toute histoire, de toute révolution. Ce ne sont pas des personnes qui s'affrontent dans la majorité des cas, mais les idées qu'elles représentent ; mais ceux qui tombent, ceux qui meurent sont des hommes. On ne peut pas éluder cette contradiction, échapper à cette douleur. » Une douleur qu'il a plus qu'effleurée.

Il n'oublia pas d'alimenter la légende du Che : « Quand un médecin a demandé au Che s'il ne valait pas mieux conserver une partie du sérum qui restait pour la guérilla, qui n'avait aucun moyen de s'en procurer, le Che a répondu qu'il n'en était pas question et que, si besoin était, il fallait épuiser ce qui restait pour sauver coûte que coûte l'ennemi blessé. » Et de souligner la fraternité historique des peuples latino-américains qui doivent lutter ensemble car ils ont « tout en commun, l'histoire, la langue, les héros, le destin, et même le maître, l'exploiteur, l'ennemi qui les traite tous de la même façon : l'impérialisme yankee ».

Avec le lyrisme de l'inculpé qui refuse de mettre un genou à terre, il conclut : « L'insurrection est un devoir sacré pour qui aime la justice. [...] Je ferai tout mon possible pour mériter un jour l'honneur démesuré que vous devez m'accorder en me condamnant pour ce que je n'ai pas fait mais que, plus que jamais, je veux faire. Et en toute sérénité, de tout mon cœur, je vous remercie d'avance pour la lourde peine que j'attends de vous. »

Le tribunal militaire écouta religieusement ce long plaidoyer, et l'audience suivit attentivement cet exposé sur l'histoire de la lutte du continent latino-américain contre ses oppresseurs successifs. Une fois terminé, « la salle applaudit et certains militaires aussi », raconta son codétenu Bustos.

Le verdict se fit attendre durant de longues semaines. Le 18 novembre 1967, il tomba comme un couperet : trente ans de prison ferme, soit la peine maximale. Quelles pensées lui traversèrent l'esprit à l'annonce de sa condamnation, confirmée en appel ? Il l'anticipait mais espérait sans doute un geste de clémence, un aménagement de ses conditions de détention. Il ne fut pas transféré dans une prison « normale », à La Paz, mais resta acculé à vivre dans une cellule précaire, au milieu d'une garnison, livré à l'arbitraire et à l'isolement. Il avait trente ans devant lui de néant, de résistance morale, de vains espoirs... Sauf imprévu, heureux ou malheureux, il ne sortirait qu'à l'orée du XXIe siècle. Cela lui laissait le temps de réfléchir et d'aborder tranquillement quelques questions existentielles.

Il était coincé dans une cage à lapins, dont le toit de tôle ondulée accumulait la chaleur, et dont la fenêtre désormais ouverte mais grillagée laissait passer un filet d'air, rarement frais. Elle était établie au milieu du patio – de la taille d'un court de tennis – de la garnison militaire, entouré d'une galerie couverte qui menait au carré des officiers. Il pouvait sortir de sa cellule deux fois par jour : le matin, trente minutes pour sa toilette, et l'après-midi, trente minutes de récréation dans cette cour intérieure aride où le soleil éblouissait les yeux. Mes grands-parents payaient une aubergiste chargée de lui apporter ses repas deux fois par jour. La radio, qui ne captait que les ondes locales, était son seul lien avec l'extérieur, ainsi que les vieux journaux, qui servaient de papier toilette. Après l'extinction des feux, à 22 heures, arrivaient ses persévérants compagnons de nuit : moustiques, cafards, termites, qui mangeaient le rare papier mis à sa disposition pour écrire, l'empêchaient de dormir. Sa cellule était surtout infestée de triatomes (appelés «*vinchucas*» en Bolivie), des punaises porteuses de la terrible maladie de Chagas qui provoque, des années après la piqûre, un œdème du cœur mortel. Plusieurs milliers de Boliviens en meurent chaque année. Comment, nuit après nuit, dompter cette hantise ?

Les souris se promenaient tranquillement à toute heure de la journée. Alors qu'il était concentré sur ses écrits de prison, mon père prit machinalement un verre d'eau pour se désaltérer. Il se retrouva avec une souris dans la bouche. Son codétenu, Bustos, qui avait entendu ses grognements de sa cellule contiguë, lui prêta son chat, cadeau d'une aimable infirmière. Mon père lui en fut infiniment reconnaissant, mais pas assez pour lui prêter ses livres. Son moral oscillait entre la dépression et l'espoir, entre la réflexion et l'énervement ; les rares ouvrages auxquels il avait accès étaient ses bouées de sauvetage. L'ambassadeur de France, Dominique Ponchardier, lui avait fait parvenir, pour son premier Noël en prison, *Les Antimémoires* de Malraux, *La Philosophie* de Hegel, *Le Politique* de Saint-Simon, et les derniers numéros de *L'Express* et du *Monde*. Son esprit se fortifiait-il, comme l'Ingénu en prison ?

L'ambassade avait alloué le budget nécessaire pour assurer des visites mensuelles au jeune prisonnier. Un conseiller technique se rendit à Camiri dès le mois de décembre 1967 et constata : « Debray était dans un état de frayeur assez grand, pensant qu'il était l'objet d'un plan concerté pour le liquider. » Il se plaignait d'avoir reçu de mauvais traitements corporels lors de séances de gymnastique obligatoires. Le conseiller diplomatique poursuivit : « Le colonel, furieux, traitait

Régis de fillette, incapable de faire le moindre exercice. Régis expliqua qu'il ne demandait que la stricte application du régime cellulaire. » Les lettres de son avocat, de ses parents et de ma mère étaient dûment contrôlées et censurées par les militaires, qui tardaient à les lui remettre. « Le colonel ne cesse de lui faire des commentaires sarcastiques et mauvais. On sent qu'il mène une politique d'exaspération du prisonnier et l'use au point de vue nerveux. » De quoi endurcir un homme ; ou le casser à jamais.

Les conditions carcérales s'améliorèrent deux ans plus tard, grâce à un changement à la tête de l'État. Les prisonniers auront la liberté de sortir plus souvent de leur cellule, et de mener à bien de longues parties d'échecs qui avaient l'indéniable mérite de meubler le vide du quotidien. Ils pouvaient même discrètement soudoyer un militaire pour se procurer un paquet de cigarettes, un stylo, ou un tube de dentifrice. Ils bénéficiaient dorénavant de la lumière toute la nuit et de la visite d'un curé franciscain italien le dimanche. De quoi apaiser les âmes.

Une trentaine d'années après les faits, je me suis rendue sur les lieux. J'avais économisé de l'argent lors de mon premier job dans la finance à New York. J'avais envie de connaître ce pays que ma mère appréciait tant et qui avait fait tant souffrir mon père. Le chauffeur de taxi qui me prit en charge à l'aéroport de La Paz, apprenant que j'arrivais de Paris, me parla d'un Français, dont il avait oublié le nom, qui avait été longtemps emprisonné en Bolivie. Curieux accueil… Je descendis à Santa Cruz – où les conditions de vie redeviennent normales puisque l'altitude n'est plus un élément prédominant. Des amis organisèrent ma virée à Camiri. Un petit coucou délabré m'y déposa, m'épargnant ainsi les mauvaises routes sinueuses, endommagées par les pluies.

J'entrai dans la pension *Chez Marietta*, tenue par des Italiens installés en Bolivie depuis la Seconde Guerre mondiale, qui virent débarquer le monde entier, dont leurs premiers locataires, mes grands-parents, et le fameux chroniqueur judiciaire Frédéric Pottecher, à la voix incomparable, qui couvrit tous les grands procès de l'époque, du procès Eichmann à l'affaire Patrick Henry. Comment s'étaient-ils adaptés à cet environnement si rudimentaire ? J'ai une photo de Pottecher, en pantoufles et caleçon, croisant mon grand-père qui sortait de la salle de bains commune : cette image m'a toujours fait sourire. Il y avait un air de camp de vacances pour garçons, tellement décalé avec l'environnement militarisé et funeste de Camiri.

Les chambres de l'auberge étaient toujours aussi spartiates et les hôtes accueillants. Ils avaient gardé dans leur salon une photo de mes grands-parents attendris par leur fille. La chaleur familiale qui régnait encore *Chez Marietta* avait dû les réconforter. Janine et Georges pouvaient se confier à eux en italien et compter sur une solidarité européenne.

J'entrai sans peine dans la caserne, déambulant dans cette ancienne garnison vide et austère. La cellule de mon père était devenue un débarras. J'ai appris depuis que le gouvernement Morales l'avait transformée en musée, afin de compléter le parcours touristique « sur la route du Che » ; le mythe et le business sont désormais indissociables. Le carré des officiers, propre et ordonné, semblait somptueux à côté du délabrement ambiant.

Les habitants se souvenaient encore de mes grands-parents. C'était la première fois qu'ils avaient vu des blonds et blancs, grands et élégants, arpenter les ruelles de terre rouge du village. Pendant qu'ils me parlaient, je me répétais en boucle : « Que diable allait-il faire dans cette galère ? » Je pensais au désarroi de mes grands-parents, logés dans cette pension sommaire, si loin de leur milieu et de leurs habitudes. Mon père l'avait cherché, mais eux l'avaient subi, en gardant la tête haute.

Contrairement à ma mère, je n'ai jamais apprécié la Bolivie et la tristesse qui y règne, malgré les splendeurs coloniales de certaines villes, comme Sucre, ou les splendeurs naturelles, comme le désert de Uyuni. J'aime les couleurs intenses des Caraïbes, j'aime les gens expressifs qui crient, qui rient, qui pleurent, j'aime la spontanéité et l'affection des Vénézuéliens, leurs danses et leurs repas. La haine dans les yeux des Indiens boliviens, dont le mutisme est le premier signe de révolte, me tétanisait. Leurs soupes, préparées durant des heures à base de tubercules coupés lentement et minutieusement, ne m'ouvraient guère l'appétit. La lune m'aurait semblé plus familière et hospitalière. Je repartis soulagée vers Buenos Aires, sans avoir trouvé une bribe de réponse à ma question : que diable allait faire mon père dans cette galère ?

Ma mère suivait de La Havane les avancées de l'affaire. Le lendemain de la veillée funèbre en l'honneur du Che à laquelle elle assista, Fidel Castro lui ordonna de partir en France afin d'organiser une campagne médiatique de soutien à mon père. Elle fut accueillie chez mes grands-parents, rue de Lübeck, dans le 16e arrondissement. Il aura fallu que mon père soit en prison pour qu'elle accède à son monde, bourgeois et confortable, cultivé et raffiné, qu'il lui avait soigneusement caché. Elle s'y adapta aussi vite qu'un caméléon. Efficace et systématique, elle mit en place un réseau de solidarité redoutable, prenant le relais de mes grands-parents et de l'éditeur François Maspero. Elle y consacra ses jours et ses nuits, avec l'application de la bonne élève et la volonté de la guerrière.

Elle put notamment compter sur Henri, un sympathique cousin Debray acquis à la cause révolutionnaire ; sur Alba de Céspedes, la petite-fille romancière du héros de l'indépendance cubaine Carlos Manuel de Céspedes ; sur Serge Rezvani, un homme inclassable, brillant d'intelligence et de sensibilité, peintre et écrivain, auteur de la fameuse chanson du film *Jules et Jim* chantée par Jeanne Moreau. Un être entier comme j'en ai rarement croisé. Il eut l'idée de faire signer la pétition pour la libération de mon père par Sartre, Mauriac et Malraux; Claude Lanzmann se chargea de recueillir les précieuses signatures. Ce fut l'unique fois que le trio fabuleux accepta de soutenir la même cause. En valait-elle la peine? Symboliquement, il ne fallait pas courber l'échine face à une dictature militaire, face à l'impérialisme américain, face à l'injustice du monde. Mon père en fut confus, presque honteux : « On a déjà trop parlé de l'affaire Debray. Je ne mérite pas cette campagne de mobilisation. On en a trop fait pour moi ; je ne mérite pas tout ça ! »

Les maoïstes ne s'associèrent guère à la mobilisation politico-médiatique. Les socialistes de la SFIO non plus. Le PCF prit le train en route, sous l'impulsion de Dominique Éluard, la femme du poète, et de Jean Marcenac, résistant communiste, ami d'Aragon et traducteur de Neruda, grâce à qui ma mère rencontra les deux monstres sacrés. Le PSU, mené par Michel Rocard, fut de loin le plus actif : « Le seul dirigeant d'un parti politique à avoir cherché à me rencontrer et à me donner officiellement le soutien de son organisation », me raconta ma mère, qui lui voua une reconnaissance infinie, mêlée d'un brin d'admiration. Bizarrement, mon père ne lui en sut jamais gré... devenu trop mitterrandien pour sympathiser avec cet éclairant progressiste, qui n'était pas assez retors pour survivre à la politique politicienne. Un autre membre du PSU, le compagnon de la Libération et journaliste

Claude Bourdet, secondé par sa compagne, l'actrice de théâtre Édith Perret, se mobilisa avec la même détermination qu'il mettait dans tous ses engagements.

Ces personnages rencontrés pour la bonne cause constituèrent un réseau d'entraide indéfectible pour ma mère. Leur présence jalonna mon enfance. La plus déterminante fut celle de Simone Signoret et Yves Montand. Jorge Semprun, que ma mère avait connu à Cuba lors du Congrès culturel, en janvier 1968, organisa les présentations. Je dois beaucoup à Semprun : grâce à son impulsion, j'ai écrit une biographie du roi d'Espagne ; grâce à la confiance qu'il m'accorda, il me donna des ailes.

Signoret était la colonne vertébrale d'un groupe de complices auquel ma mère fut intégrée, rejoignant ainsi d'autres brillants exilés tels que Luis Buñuel ou Costa-Gavras. Elle fut notre boussole : elle déterminait le bien et le mal, elle recadra mon père à sa sortie de prison, elle soutenait ma mère quand elle en avait besoin, la logeant au cinquième étage de sa « roulotte », place Dauphine, au départ de sa fille Catherine Allégret. Par l'intermédiaire d'un ami professeur de médecine, elle obtint une lettre de solidarité à mon père de l'ordre des médecins de Bolivie. « Le soutien de Boliviens avait mille fois plus de poids, aux yeux du général Barrientos, que tous les intellectuels de Saint-Germain-des-Prés », conclut ma mère, satisfaite de ses prouesses d'antan.

« Avez-vous un vœu à formuler, là, tout de suite ?
– J'ai une compagne. J'aimerais bien qu'elle vienne.
C'est tout », avait déclaré mon père à la veille de son procès. C'était la première fois depuis six ans qu'ils étaient vraiment séparés.

Le gouvernement bolivien fit savoir à ma mère qu'elle recevrait l'autorisation de rendre visite à mon père à l'unique condition qu'ils deviennent un couple légitime. Ils pensaient qu'elle n'accepterait jamais de se plier au rite bourgeois du mariage.

Elle partit pour La Havane consulter Castro, qui lui conseilla d'y consentir. Épouser un homme qui ne sera libre qu'en 1997 était aussi idéaliste que de promouvoir la révolution. Elle n'était plus à un sacrifice ni à une illusion près... Le Comandante lui rappela le train plombé de Lénine, une de ses références historiques préférées : de son exil suisse, le bolchevik négocia en avril 1917 avec l'Allemagne, ennemie du tsar, son entrée « triomphale » dans Saint-Pétersbourg. Castro lui dit en partant : « Tu sauras très bien te débrouiller en Bolivie, je ne m'inquiète pas pour toi. Ils ne réussiront jamais à te manipuler ! »

Sur les photos de ma mère avec Fidel, un respect et une admiration mutuels transparaissent. Et une complicité indéniable. Tous deux attablés, lui explique, prend des notes consciencieusement, elle écoute, rétorque, réfléchit. Deux stratèges en action.

Ma grand-mère fut invitée par la compagnie Air France à l'inauguration de la nouvelle liaison Paris-Rio de Janeiro. Elle embarqua ma mère avec elle. La dictature brésilienne leur octroya un permis pour se rendre dans le pays voisin, la Bolivie. Elles furent reçues à Santa Cruz par la consule de France, Thérèse de Lioncourt, avec qui elles arrivèrent à Camiri en avionnette. Cela faisait presque un an que ma mère n'avait pas vu mon père. Ils se retrouvèrent au milieu de militaires dans l'office de la garnison, avec la consule comme seule témoin. Le mariage fut vite expédié, un 14 février 1968. Un 14 février, soit le jour de la Saint-Valentin. Ces militaires étaient décidément de véritables romantiques ! Ma mère reçut un passeport français en guise d'alliance. Pas de photo pour immortaliser ce grand moment. Le champagne fourni par ma grand-mère disparut entre les mains des geôliers. Ce mariage fut-il un engagement ou une formalité ?

Mon père épousait une femme aussi belle que solide, exempte de toute contamination bourgeoise ; il se liait aussi à une langue, un continent, une cause politique. Et il bénéficiait de sa rigueur intellectuelle et de son instinct politique. Ma mère convolait avec l'intelligence pure et théorique, avec la blondeur et la naïveté du jeune Européen épargné par la vie et l'histoire, et avec la promesse d'un avenir meilleur. Espérait-elle vivre un jour une vie de couple apaisée avec lui ? Ils savaient qu'ils n'étaient guère doués pour le bonheur. C'est une gymnastique à laquelle ils n'avaient pas le temps de s'adonner.

Ma mère eut le droit de rendre visite à mon père dès le lendemain. Elle apportait des livres, dont elle avait collé sur les premières pages de la poésie inoffensive, afin de ne pas alerter les militaires qui prenaient soin de la fouiller minutieusement. À son deuxième voyage, elle leur donna discrètement des revues salaces pour les amadouer. À force de porter des lourdes valises emplies d'ouvrages et de dossiers pour mon père, elle eut le dos cassé et développa une allergie aux bagages encombrants. Elle cachait dans ses bottes les lettres de mon père destinées à ses amis et soutiens. L'une d'elles était pour Serge Rezvani qui lui avait fait parvenir son dernier livre *Les Années-lumière*. « Cher Rezvani, Votre bouquin a un effet libérateur ; explosive incitation au bonheur ; appel à une vie "meilleure", plus intense, toujours valable même pour ceux qui n'ont plus (ou pas encore) la possibilité d'y accéder. La vie de bohème, bien sûr, est une maladie bourgeoise. Mais le sens de la tendresse, du rire et de l'amertume nous concerne tous, apprentis révolutionnaires compris. Quand je commence à tourner en rond et à manquer d'air, j'ouvre votre livre et c'est comme une fenêtre sur l'autre côté. L'angoisse s'en va tout de suite. Il est bon de savoir que cela existe !

L'image du bonheur est révolutionnaire, ne serait-ce que parce que seuls des gens physiquement heureux sont en état de transformer leur société et d'accepter tous les sacrifices. L'habit noir, la rancune, le faux col trop serré et le sérieux académique ne pourront jamais être du bon côté. En tournant ces vilaines bêtes, vous nous aiderez à les terrasser, d'abord en nous-mêmes. Condition évidemment pas suffisante, mais nécessaire. »

Mon père lui demandait d'élaborer des plans d'évasion et ma mère n'osait pas lui enlever cet espoir-là, même si Castro y avait mis son veto. Il craignait que l'armée trouve une excuse idéale pour le descendre. De l'aveu même d'un ministre du gouvernement bolivien, «cet homme est un fardeau qui empoisonne la vie de la Bolivie». Sa présence commençait à être encombrante pour les autorités, qui avaient hâte de tourner la page de la guérilla. Le général Barrientos avait publiquement reconnu : «Nous n'avons qu'une inquiétude : que les communistes réussissent à le faire évader ou qu'ils le tuent pour noircir encore plus la Bolivie dans l'opinion mondiale. C'est pourquoi je ne verrais pas d'un mauvais œil son départ. Nous aimerions l'échanger.» Rien ne fut jamais concrétisé…

Mon père vivait de cet espoir-là. Et de la perspective de visites, trop rares à son goût. Ma mère avait le droit de venir tous les trois mois le voir, soutenir son moral, avec des ouvrages, des messages codés, des lettres de soutien, des projets. Contrairement à l'épouse de Ciro Bustos qui pouvait rendre visite à son mari quand elle le souhaitait, ma mère devait d'abord se rendre à La Paz, pour obtenir une autorisation officielle qui tardait souvent à venir, puis poursuivait sa route jusqu'à Camiri où elle était tributaire du bon vouloir des militaires. Mon père dut faire une grève de la faim pour qu'en septembre 1969 ses geôliers concèdent à ma mère son droit de visite. Ils se mettaient à quatre pour surveiller l'entrevue maritale de trente minutes. Mes parents se sont donc vus approximativement six heures en quatre ans. Comment un couple survit-il à ces rendez-vous administrés à dose homéopathique ?

Mon père devait renégocier sans cesse les termes et les fréquences des entrevues et des interviews. Lorsque la fameuse journaliste italienne Oriana Fallaci réussit à lever tous les obstacles pour l'interviewer, en septembre 1970, cela faisait sept mois que mon père n'avait parlé à personne d'autre que son codétenu et ses gardiens. Après ses longues périodes d'abstinence, lorsqu'il avait enfin l'occasion de parler, il s'emportait, dérapait, s'en voulait ensuite d'avoir trop ou pas assez dit, et réclamait la possibilité de se rétracter… Ma mère arrondissait les angles, rassurait mon père, et le justifiait auprès du journaliste. Elle incarnait le lien avec Paris, avec Fidel Castro, avec son comité de soutien : elle était sa fenêtre sur le monde et la vie.

Trop fière et trop indépendante, elle ne voulait pas se faire appeler madame Debray. Elle ne tenait pas être réduite à cette fonction représentative et subalterne. Elle était partout et nulle part, entre Cuba, la Bolivie, et la France. À force de voyager et de conspirer, de taire et de cloisonner, elle vivait plusieurs existences à la fois. Mais en vivait-elle une vraiment ?

Le nouvel ambassadeur de France en Bolivie, Joseph Lambroschini, ancien chef de réseau dans la Résistance en Savoie devenu diplomate de haut vol, s'entretint avec ma mère : « Je m'attendais à voir arriver une gauchiste en jeans et cheveux gras, et j'ai en face de moi une véritable tête politique. Nous allons gérer l'affaire tous les deux directement », lui confia-t-il, déjouant ainsi les fuites répétées de l'ambassade vers la presse. Elle était donc dans le secret des tractations de l'ambassade de France avec les autorités boliviennes, dans les confidences de Fidel Castro, dans les négociations entre les différentes tendances politiques du gouvernement bolivien, dans les disputes des divers groupes de guérilleros dissidents, au point de voir sa tête mise à prix. Elle continuait malgré tout, sans relâche. Elle croisera quelques années plus tard celui qui avait été chargé de la liquider. Lui a-t-elle parlé ? Je l'imagine lui tendant la main avec un grand sourire et sortant une boutade pour le désarçonner : ne jamais braquer un ennemi qui deviendra peut-être un jour un allié utile. À force de ne jamais laisser de trace, de paraître toujours irréprochable, de rester insaisissable pour mieux anticiper les pièges, de déchiffrer les dangers et repérer les traîtres, ma mère était devenue une experte en manipulation et un agent hyperinformé. D'où tirait-elle sa résistance inébranlable ?

Elle avait la mission de faire sortir mon père de prison : elle userait de toute son énergie pour accomplir cette tâche, sans faillir ni rechigner. Au lieu de s'atteler à récupérer le masque funéraire et les mains du Che – cachés dans un coffre-fort en bois précieux enterré sous le bureau de l'ancien ministre de l'Intérieur du général Barrientos – pour les faire ramener, après moult péripéties, à Cuba, elle aurait pu faire fructifier son statut de victime inconsolable, éveiller la compassion, s'assurer une petite notoriété, susciter ménagements et petits accommodements qui lui auraient permis d'obtenir une planque à l'Unesco ou ailleurs. Beaucoup de gauchistes latinos le feront… Mais ma mère n'était pas du genre à se plaindre. Encore moins à chercher des profits personnels. En outre, elle savait que les noyés se montrent rarement reconnaissants envers leur sauveteur. La gratitude est un fardeau lourd à porter. Le comportement ultérieur de mon père ne la blessa pas car elle avait accompli ce que lui dictait sa conscience.

Malgré les épreuves, mes parents avaient gardé leur beauté éclatante : des traits fins, des expressions dignes, des attitudes graciles, une majesté dans le regard, et un sourire plein d'espérance. À la vue des photos de l'époque, impossible de ne pas être touché par les protagonistes de cette histoire, aussi tragique que lyrique. À la lecture des propos tenus par mon père en prison, impossible de ne pas être stupéfait par tant d'extrémisme. La lutte armée supposait une fascination pour la violence et une valorisation de la mort. Le combat de David contre Goliath entraînait forcément des dégâts collatéraux.

Le deuil fut un compagnon de route pour mes parents : perdre des amis au combat était une constante – « les risques du métier », comme me confia le roi Juan Carlos se référant aux attaques terroristes dont il était la cible. Ils avaient su l'apprivoiser. Moi je ne m'y suis jamais faite. J'ai toujours été révoltée par la mort, et j'en ai toujours eu peur. L'anarchiste argentin adopté par la Bolivie, Liber Forti, dit à mon père, devant moi : « Le Che était médecin. Il aurait pu venir en Bolivie avec des seringues et une valise de médicaments, au lieu de débarquer avec des armes. Il aurait été certainement mieux reçu par les paysans. » Médecins sans frontières n'était pas encore à la mode. J'étais enfant. J'ai eu l'impression de grandir d'un coup : il y avait donc d'autres moyens de faire de la politique, sans forcément y laisser sa vie.

Ma mère était habituée au jargon politique de mon père, qui fait sourire aujourd'hui : « Le castrisme n'est que le processus concret du réengendrement du marxisme-léninisme à partir des conditions latino-américaines. » Elle savait parfaitement que l'idéal humaniste visant à l'établissement d'une société utopique allait de pair avec une attirance pour les armes à feu et une abnégation réelle. Cette radicalité ne l'effrayait pas. Enchantés, aveuglés, passionnés, ils pouvaient en oublier le principe de réalité triviale. Ils étaient intelligents mais survoltés. Ils feront de moi une personne totalement hermétique aux utopies.

Le séjour en prison de mon père n'adoucit pas ses convictions radicales. Il avait le temps de lire, d'écrire, de réfléchir, mais ce soliloque ne calma pas ses ardeurs, bien au contraire. Comme un joueur de foot sur le banc de touche qui s'échauffe et suit attentivement le match, mon père espérait refaire son entrée sur le terrain de jeu. Mais quand ? Les années se suivaient les unes après les autres : des rumeurs circulaient, des tractations discrètes étaient menées, il attendait une libération, puis désespérait, et se plaignait de ne pas recevoir assez de visites. Avait-il peur qu'on l'oublie ? L'attente le rongeait.

Le décès brutal du général Barrientos, le 27 avril 1969, lors d'un accident d'hélicoptère, inaugura une période de grande instabilité politique : le pays allait de coups d'État en contrecoups d'État. Ma mère en profitait pour s'adonner à son principal loisir, déjouer les intrigues et les trahisons. Elle pouvait compter sur Juan Lechín, secrétaire général de la puissante COB (Central Obrera Boliviana), et ancien vice-président du gouvernement lorsqu'elle travaillait en Bolivie, en

1964. Il rentrait alors d'exil et menaçait le gouvernement d'une grève générale si mon père n'était pas libéré. L'Union des femmes de Bolivie, dirigée par une amie de ma mère, Delia de Quezada, s'organisait pour mener une grève de la faim collective devant le palais présidentiel. La Fédération des instituteurs, conduite par Guido Quezada, le fils de Delia, s'associait au mouvement, suivie par les étudiants de l'université de La Paz. La pression sur le président, le général Juan José Torres, était grande, d'autant plus qu'il bénéficiait du soutien politique de la COB. Mais il devait aussi composer, au sein de son gouvernement, avec des tendances conservatrices peu favorables à des gestes de laxisme.

Les diplomates boliviens en avaient marre d'être les brebis galeuses des cénacles internationaux. « On ne nous invite même pas aux cocktails de bienfaisance ! » se plaignait l'un d'eux. L'affaire Debray était au centre des relations franco-boliviennes. La France faisait miroiter aux autorités boliviennes une reprise de la coopération économique. « Il faut d'une façon ou d'une autre trouver une solution », écrivit Pompidou sur une note diplomatique traitant d'un prêt éventuel pour la construction d'une usine de pâte à papier. En avril 1970, alors que le général Ovando venait de s'emparer du pouvoir et décrétait une amnistie générale, on espéra que mon père puisse aussi en bénéficier. En novembre 1970, l'ambassade de France annonça sa libération imminente, prévoyant de rapatrier mon père sur un vol pour Paris via Lima et Caracas. On prit le soin de demander expressément à ma grand-mère sa discrétion, ce qui n'était pas vraiment son fort! Un attaché militaire bolivien fut nommé à Paris afin de négocier secrètement un accord de fourniture d'équipements militaires en échange de la liberté de Debray. La confusion politique qui régnait à La Paz ne permit pas de faire aboutir cet accord. Ce furent neuf mois d'incertitude et de fausses bonnes nouvelles qui entamèrent le moral du prisonnier.

Mon père fut finalement libéré la veille de Noël de l'année 1970. Après quarante-quatre mois de détention.

Si à de rares moments de cette histoire on a pu se croire dans un film d'action digne de Hollywood, la libération de Debray en fut l'apothéose. Tous les ingrédients y étaient : les figurants, les dialogues, les engins, le suspense et le happy end. Les producteurs avaient mis le paquet.

On entra dans la cellule de mon père en pleine nuit. Des militaires au visage inconnu lui ordonnèrent de se vêtir. L'heure de sa libération avait sonné. Confus, inquiet, il demanda sur quelles instructions ils agissaient, s'il pouvait voir un ordre écrit, si l'ambassade de France avait donné son blanc-seing. « Il y avait une atmosphère d'urgence et d'illégalité qui ne cessait de m'inquiéter », narra son codétenu Bustos. Et si c'était un coup monté pour fusiller ces prisonniers encombrants ? L'officier en charge de l'opération expliqua aux deux reclus ahuris et méfiants : « Au nom du peuple bolivien, les forces armées ont décidé de vous gracier, de vous libérer, et de vous expulser du pays. » Ils n'avaient que quelques minutes pour prendre leurs effets personnels et suivre le commando. Mon père, circonspect, embarqua ses cahiers de notes. En sortant de la garnison, sa résidence depuis quatre ans, il refusa de serrer la main de son geôlier, pourtant le plus aimable de tous. Il lui fit un simple signe de tête en guise d'adieu.

Encerclés par un bataillon de soldats, Bustos et

mon père marchèrent en silence dans les ruelles obscures de Camiri. Une jeep les attendait à la sortie du village. Ils s'y installèrent, protégés par des hommes armés jusqu'aux dents. « Le chef dit alors comme consigne de combat : "À partir de maintenant, au premier obstacle suspect, tirez d'abord et posez des questions ensuite !" » Mon père comprit que certains secteurs de l'armée étaient contre cette opération et pouvaient y mettre un terme. Il n'était pas encore sorti d'affaire...

Après un long trajet en voiture sur une route tortueuse, ils arrivèrent sur une piste d'aviation, celle utilisée par la compagnie pétrolière bolivienne YPFB (Yacimientos Petrolíferos Fiscales Bolivianos). C'était la première fois depuis des années qu'il voyait défiler des paysages devant ses yeux mais l'angoisse l'empêcha sûrement de savourer la balade. Il décela un DC3 au loin. Où l'emmenait-on ? Et pourquoi ne pas utiliser la piste d'aviation de l'armée ? Il commençait à douter de l'issue heureuse de sa libération qui prenait plutôt des allures d'enlèvement.

Il apprit plus tard que le président de la YPFB de Camiri, général de l'armée bolivienne, avait mis à disposition ses camions pour faire débarquer discrètement un régiment de soldats habillés en civil qui se mêlèrent à la population jusqu'à la nuit. Minuit passé, ils exigèrent du lieutenant en charge de la prison de retirer ses gardes et de leur donner les clefs des cellules. Compte tenu du nombre en sa défaveur, il s'exécuta sans rechigner.

Les prisonniers montèrent dans un avion qui datait

de la Seconde Guerre mondiale et qui n'avait pas été modernisé depuis. Le pilote, prévenant, donna des couvertures aux prisonniers, et avertit que l'attente serait longue. Des soldats sécurisaient la piste de décollage.

« Que va-t-il arriver maintenant ? chuchota mon père à son coéquipier.

— Ils ont l'ordre de nous expulser du pays.

— Où crois-tu qu'ils nous emmènent ?

— Il n'y a qu'un seul pays possible : le Chili. Ils ne vont quand même pas nous livrer à Onganía [général putschiste argentin] ni à Stroessner [dictateur paraguayen]. »

Dans la brume du matin, la carlingue décolla avec à son bord deux pilotes, le major en charge de l'opération et les prisonniers. Le haut gradé entama la conversation, sur un ton cordial, mais mon père se montra peu aimable, voire agressif, dénonçant la subordination de l'armée bolivienne aux États-Unis. Un fauve qu'on venait de sortir de sa cage. Mesurait-il l'issue inespérément heureuse de sa délivrance ?

Sur le tarmac d'Iquique, ville portuaire du nord du Chili, la presse et les autorités locales servirent de comité d'accueil. On entraîna rapidement mon père dans une voiture officielle. Il se retrouva quelques heures plus tard à présider un déjeuner en compagnie du maire et des représentants du gouvernement Allende en place depuis deux mois.

Quelles furent ses premières impressions d'homme libre ? Il put enfin sentir la brise marine sur son visage, s'immerger dans un horizon lointain, et assimiler avec soulagement sa délivrance... ou éreinté par tant d'émotions, sollicité par tant de gens, il n'eut pas le temps de méditer sur ces nouvelles sensations, trop pressé de revenir dans l'action politique. Il avait trente ans et du temps à rattraper. Il avait raté Mai 68, les tubes des Beatles et de Simon & Garfunkel, le « printemps de Prague » et le ralliement de Fidel Castro à l'URSS.

Le lendemain matin, il s'envola vers Santiago, dans un bimoteur à réaction, une Ferrari en comparaison de la boîte à sardines de la veille. Il fut reçu par une délégation de la présidence. Il donna quelques interviews et ne manqua pas de se plaindre de l'insoutenable solitude à laquelle il avait dû faire face. Il oublia de remercier ma mère et les services de l'ambassade de France en Bolivie, qui jamais ne l'avaient abandonné. L'ambassadeur dut émettre un démenti officiel, détaillant les visites et services auxquels il avait eu droit, bénéfices exceptionnels et constants attribués par l'État français qui n'avait pas ménagé ses efforts. Après ces coups d'éclat, mon père disparut durant quelques mois de la vie publique, protégé par le silence officiel et pris en charge par Salvador Allende.

Ma mère vint le retrouver. Je ne sais rien de ces premiers moments d'intimité. Étaient-ils encore amoureux ? Pouvaient-ils partager un même enthousiasme pour la liberté et la vie ?

Ils se rendirent ensemble à Isla Negra, chez Pablo Neruda, comme on va rendre hommage à un monument. Contrairement à la tour Eiffel, l'accès y était restreint. Ma mère avait côtoyé le poète à Paris. Et mon père jouissait d'une aura qui lui ouvrait bien des portes, même celles du prix Nobel.

La maison du poète, située en bordure du Pacifique, était un havre de paix, un lieu idéal pour se retrouver et se réconcilier. Les photos dévoilent des protagonistes sereins et souriants, en compagnie de la figure imposante, bienveillante et paternelle de Neruda. Un moment suspendu de plénitude, loin de l'hystérie politique et des récriminations maritales.

Je compris combien ce séjour leur fut précieux lorsque j'écrivis, pour *Le Monde des livres*, un article sur la fameuse maison, transformée depuis en musée. Ma mère me parla des objets insolites rapportés de voyages, des imposantes figures de proue et divers instruments de navigation qui meublaient l'antre du généreux écrivain. Mon père s'attarda sur le grand plateau rond et tournant situé au centre de la table de la salle à manger, qui permettait de se servir de tout sans devoir se passer les plats ou chercher les mets en cuisine. Une grande innovation selon lui, qui remédiait à l'agitation de la maîtresse de maison. Je découvris que mon père s'intéressait sincèrement aux détails pratiques, des objets d'étude aussi intéressants que la théorie marxiste. Il félicita l'écrivain pour son invention du self-service tournant, comme pour ses vers qui inspiraient les militants du monde entier.

Neruda mourut quelques jours après le coup d'État du général Pinochet. D'un cancer ou d'un empoisonnement. Sa voix, sensuelle et engagée, restait pour incarner la lutte contre le totalitarisme.

Salvador Allende était arrivé au pouvoir par les urnes et emplissait d'espoir une gauche qui n'avait essuyé que des échecs. Mais mon père, lors d'un entretien filmé, lui reprocha ses modérations et les impasses de la voie électorale. Il était le prophète de la pensée castriste, entré « en tiers-mondisme comme dans les ordres, moine-soldat de la fête cubaine », commenta Laurent Joffrin. Il était enfermé dans l'image de Danton. Au lieu de la déconstruire, il l'habitait pleinement. Avait-il le choix ? Il avait acquis un nom et une réputation de révolutionnaire, avant d'avoir écrit une œuvre ou construit une pensée personnelle.

Mon père avait fréquenté de près l'aristocratie des guérilleros, sans jamais en faire vraiment partie, ce qui resta une blessure, ou du moins une vexation. Il s'était engagé, s'était rendu sur place, avait pris des risques, avait chassé un singe et un ours pour le dîner, avait même fait la vaisselle, avait participé aux dangereux tours de garde, avait marché des kilomètres dans la jungle, avait discuté avec le Che, croyait fermement qu'ils pouvaient changer le monde, et s'était fait arrêter en repartant, avant même de pouvoir concrétiser sa mission dictée par le Che. « Entre dix-huit et vingt ans, la vie est un marché où l'on achète des valeurs, non avec de l'argent, mais avec des actes. La plupart des gens n'achètent rien », dit Malraux. Mon père avait agi, aux côtés d'un héros. Il ferait dorénavant partie de l'histoire.

Durant les quatre années d'emprisonnement de mon père, ma mère avait mûri politiquement... Ou était-elle saturée de tant de violence, de révolutions avortées, de l'affaire Debray et des ordres de Fidel Castro ? Mon père, lui, voulait rattraper les années d'enfermement, ces années qui lui avaient semblé éternelles. Sa jeunesse bouillonnante avait été tronquée. Il voulait des femmes, ce qui, compte tenu de son physique et de sa notoriété, ne posait pas de problème, et de l'action.

Plus fidèle aux idées qu'à ses amis et à ses maîtresses, il repartit pour Cuba, passant outre les dérives du régime dorénavant dénoncées publiquement par certains lors de l'affaire Padilla en 1971. Padilla, un des meilleurs poètes cubains, qui avait laissé son art pour se consacrer à la révolution en tant que vice-ministre du Commerce extérieur, émit des critiques sur la politique culturelle du régime. Victime d'une campagne de diffamation qui précéda son arrestation, il confessa publiquement être un agent de la CIA. Dans une lettre publique, Jean-Paul Sartre, Alberto Moravia, Susan Sontag, Carlos Fuentes, Mario Vargas Llosa, condamnèrent alors le régime castriste. Malgré tout, mon père reprit ses entraînements militaires et ses soirées avec le Líder Máximo, sympathisa avec Feltrinelli, et croyait encore aux lendemains qui chantent. Peut-être aussi parce qu'il ne savait plus vivre simplement, s'accommoder d'un quotidien sans adrénaline ni lyrisme. De loin, ma grand-mère veillait encore sur lui, s'arrangeant avec le ministère de la Défense, qui le poursuivait pour désertion au service militaire, et avec l'Éducation nationale, qui se plaignait d'une longue absence injustifiée.

Ce n'est que plus d'un an après sa libération que mon père se décida à revenir en France. « J'ai découvert que j'étais français. Et qu'au fond, la révolution n'est pas une patrie. » Avait-il commis une ingérence en s'occupant du destin de peuples qui n'étaient pas le sien ? Il retrouva son pays natal mais restait « le plus cubain des Français ». Lafayette rentrait au bercail.

Ma mère, qui avait éveillé l'attention d'autres hommes engagés et avait repris ses études grâce à l'université libre de Vincennes, lui fut à nouveau utile pour trouver les mots de remerciement, qu'il prononça du bout des lèvres, à ceux qui s'étaient mobilisés en sa faveur, et pour l'introduire au sein de son réseau d'intimes qui étaient devenus sa famille et son refuge, dont Simone Signoret et le peintre surréaliste chilien Matta. Ils deviendront ma marraine et mon parrain.

Quitter la bulle romantique cubaine, et la vie de bohème de luxe, pour s'intégrer à la vie quotidienne grise et parisienne c'est comme passer du rêve à la réalité : c'est douloureux. Ils ne devaient plus se retourner dans la rue pour voir s'ils étaient suivis, ils devaient payer leurs factures et exister par eux-mêmes.

Mon père commença à écrire et à publier, et à considérer l'option socialiste, auprès de François Mitterrand, comme un engagement politique valable. L'union de la gauche le faisait vibrer et la découverte de la France, de ses patelins, de ses marchés et de ses clochers, aussi. Avec l'eurocommunisme, l'idéologie révolutionnaire avait laissé place à la conquête du pouvoir par les urnes. Était-ce l'âge de la maturité ?

Son passé le rattrapait : le sort de ses anciens camarades continuait à le tourmenter. Il demanda à des artistes engagés, Max Ernst, Vasarely, Matta, Calder – il ne manquait que Picasso alors souffrant – de lui céder des toiles pour le financement de l'ELN (Armée de libération nationale de Bolivie) alors en difficulté. Un diamantaire d'Anvers monta cinq étages à pied pour découvrir stupéfait, dans la petite chambre de la place Dauphine que Simone Signoret leur prêtait, cette collection d'une vingtaine d'œuvres de maître. Il revint avec une valise de dollars. La lutte pouvait continuer... Mon père ne pensa même pas à garder une toile pour égayer son intérieur.

L'adaptation à une existence simple, stable et coutumière, ne fut pas aisée pour mes parents. Elle commença par l'achat à crédit d'une maison dans les alentours de Paris, à Vert. L'odeur des roses et la façade grignotée par la vigne vierge avaient charmé mon père qui rêvait d'un havre paisible et d'un amarrage. Mais il se révélera aussi instable et inconstant qu'une girouette. Quatre années passées entre quatre murs avaient laissé des séquelles, quoique inavouées : il se devait de vérifier tous les jours qu'il était bien libre.

J'arriverai trois ans après la mort d'Allende, comme le reliquat d'une histoire épique, soldée par des morts, des grands moments d'espérance, de fraternité et de désillusions. J'étais comme un cadeau d'adieu à la révolution. Et un cadeau de bienvenue à la France. Un élément de réinsertion dans une vie plus prosaïque.

Commence alors mon voyage en «absurdie».

III

La bohème

J'ai nommé les personnages principaux de cette histoire en soulignant la filiation entre eux et moi. « Mon père » et « ma mère ». Pas vraiment par souci de clarté pour le lecteur mais pour tenter de forger un lien qui me reliait à eux. Pour les apprivoiser, les cerner. En vain. J'aurais dû, par honnêteté, les appeler par leurs prénoms, « Élizabeth » et « Régis » : je les ai traqués lors de leurs aventures pré-parentales mais ils me sont finalement restés étrangers. J'ai été touchée par leur destin, sidérée par leur volonté et leur engagement extrémiste, peinée par leur souffrance et leur défaillance. Mais je ne les ai pas saisis. Je pensais rester sur cet échec, avec la satisfaction d'avoir rempli les blancs de leur parcours. Persuadée que cette chronique, politique et rocambolesque, méritait une trace, une piqûre de rappel dans notre époque où l'avoir l'emporte sur l'être, l'individuel sur le collectif. Pour dire mon admiration aussi.

Est-ce une manière de me raccrocher à la légende, d'être une digne héritière louant ses parents héroïques pour bénéficier, par ricochet, de l'éclat du mythe ?

Est-ce la vanité qui me pousse à parler de moi ? Si avant moi ce fut incroyable, avec moi, ce fut maladroit, et chaotique.

« Rien ne pousse à l'ombre des grands arbres », déclara Brancusi lorsqu'il quitta l'atelier de Rodin. J'ai intégré cet état de fait depuis ma naissance, sans une once de révolte, ni d'atermoiements.

Une incontournable journaliste du *Figaro*, à qui je m'apprêtais à parler avec entrain de « mon » roi, celui dont je venais de publier une biographie, me posa des questions sur moi, ma jeunesse, mon parcours, comme si les faits et gestes du chef d'État espagnol ne comptaient guère au regard de mes tribulations. Décontenancée et gênée, j'expliquai, malhabilement. « Vous n'avez jamais pensé à écrire sur vous ? » me lança-t-elle à l'issue de notre entretien. Confuse, je pris la fuite. Les vraies stars ce sont mes parents, ou le roi d'Espagne, mais moi, je n'ai pas de grandes révélations à faire, ou d'exploit à compter, ni d'histoires de drogue ou d'amants célèbres à révéler. Ce ne fut pas « un long fleuve tranquille » mais on ne peut pas se plaindre d'avoir vécu. Je mis cette suggestion sur le compte de la curiosité pour les années Mitterrand. Mais une graine était semée.

Puis mon père se raconta dans un long documentaire et dans *Carnet de route*, retraçant l'histoire à travers la sienne, se mettant en scène, écartant certains personnages secondaires, en valorisant d'autres. C'était comme s'il me volait mon histoire, celle de mon enfance à ses côtés, avec mes grands-parents et ma mère. Il m'attribuait, a posteriori, une petite place dans sa vie, passée au tamis de la mémoire et de l'autocensure, du souci de paraître aux yeux de ses contemporains. Mais quelle avait été vraiment ma place ? Celle qu'il m'accordait reflétait-elle mon vécu et mes impressions ? Des souvenirs désordonnés resurgirent alors. Et personne ne peut voler des souvenirs.

Mon père voulut m'appeler Florence. Son admiration pour Malraux n'avait pas de limite, au point qu'il tenait à me donner le même prénom que sa fille : ils auraient au moins ça en commun. Simone Signoret et Yves Montand trouvèrent l'idée incongrue. Devais-je être affublée d'une image avant même de naître ? Devais-je être l'aboutissement d'une identification ? Ils me sauvèrent de cette mission. « Laurence est un beau prénom aux origines anciennes », suggéra Yves. On l'écouta, et on m'attribua en deuxième prénom celui de Simone, gravant dans le marbre son rôle de marraine. Mon sort fut ainsi scellé, un soir d'été normand de l'année 1976, dans la maison d'Autheuil, où le couple d'artistes engagés réunissait le week-end leurs protégés et leurs complices. J'avais un peu honte que mon identité soit entachée de cette connotation désuète jusqu'à ce que cela charme mon mari qui, lui aussi, porte un prénom suranné. À deux, c'est plus facile d'être fier de ses particularismes.

Ma mère accepta de me donner des prénoms imprononçables en espagnol. J'étais son gage d'intégration à la France. Voulait-elle nier ses origines ? Était-ce un geste de soumission à mon père, ou une manière de le responsabiliser ? Il ne pouvait pas me renier : j'étais un bébé joufflu, à la peau rose et aux cheveux blonds. *Pater semper incertus*. Pour une fois, c'était l'inverse.

Mon père me raconta qu'à la maternité, le jour de ma naissance, l'infirmière s'était trompée de prénom sur mon bracelet. Tel un héros, il avait fait modifier l'erreur, évitant ainsi l'échange malencontreux de bébés. Je me suis souvent demandé si l'erreur avait vraiment été corrigée, si je n'étais pas en fait la fille d'un autre. Mes yeux bleus, malheureusement, me trahissaient. J'ai su aussi que ma mère était rentrée seule de la maternité ; l'héroïsme de mon père avait des limites. Assurer le biberon de nuit et changer des couches ne faisait pas partie de la panoplie de l'intellectuel engagé, si héroïque soit-il.

Je n'étais pas le fruit d'un bonheur conjugal paisible mais le produit d'une déconfiture maritale. L'embourgeoisement était un repoussoir absolu ; la fidélité était aussi honnie que l'embourgeoisement ; j'arrivai comme un cheveu sur la soupe. Je n'allais pas être un ancrage mais le témoin d'un délitement.

Leurs mœurs étaient aussi dissolues que leur engagement politique était intransigeant. Comme si cette radicalité était la condition *sine qua non* d'une vie libertine. Ou était-ce l'inverse ? Le couple sartrien était la norme partagée par une génération. Ce dévergondage, gagné sur les vieilles mentalités, permettait l'affirmation d'une liberté post-soixante-huitarde.

Ils avaient hérité de leur milieu de solides règles de conduite qu'ils se faisaient un devoir de transgresser. Le faisaient-ils par dépit ou par mal-être ? Le militant est-il forcément fourbe ou donjuanesque ? La famille faisait partie de ces valeurs à renier, remplacée par le clan, idéologique, solidaire et lyrique. Et ils n'avaient que faire de l'aspiration au bonheur personnel. Comme le père de Karl Marx l'écrit à son fils : « Je me demande si tu seras jamais capable de goûter un bonheur simple, les joies de la famille et de rendre heureux ceux qui t'entourent. » Alors comment élever un enfant lorsqu'on rejette le contrat familial, lorsque les épreuves politiques ont plus fissuré que soudé un couple ?

Mes parents étaient devenus dissonants. Fallait-il le mettre sur le compte d'une incompatibilité culturelle ? À eux deux, ils avaient le talent, l'intelligence et la politique en religion. Une manière commune de prendre les idées au pied de la lettre, voire au tragique. Cela aurait pu constituer le socle d'un couple solide ; cela fut justement la raison de leur désunion. La radicalité use.

Ma mère s'était lassée des utopies, des lendemains qui chantent et du romantisme révolutionnaire. Trop de déceptions et trop de deuils ? « Les morts pèsent plus lourd dans ma tête que les rêves. Dix ans d'hécatombe c'est beaucoup », rappelle Pierre Goldman, leur Dreyfus à eux. Fut-il un intellectuel engagé ou un bandit ? Une innocente victime de l'extrême droite ou un braqueur ? Seule certitude : cet auteur éloquent et touchant fut descendu en pleine rue, après de multiples rebondissements judiciaires qui avaient mobilisé l'opinion, en 1979. Mon père, qui lui avait consacré un livre, dut identifier son corps. Mes parents avaient été ses témoins de mariage à la prison de Fresnes – décidément ils avaient lancé la mode romantique des unions en captivité. Le fils de Pierre naquit quelques heures après son assassinat et avant son enterrement au père Lachaise qui réunit quinze mille personnes. Pierre hantait depuis leur mémoire ; son cas alimentait les conversations du soir. J'ai l'impression d'avoir grandi avec lui.

Mon père s'était enfermé dans son personnage. Il était l'icône de l'intellectuel engagé, dont la moustache servait de logo, et les diatribes enflammées, de mode de communication. Il avait de quoi énerver ceux qui avaient gardé leurs mains blanches et leur innocence, et qui avaient vécu Mai 68 comme l'apothéose de leur engagement. Il avait du mal à trouver sa place sur la scène intellectuelle, et dans la course parisienne au prestige et au pouvoir. Une course semée d'embûches.

Je ne pouvais pas compter sur des parents unis mais sur un réseau de bienfaitrices. Des bonnes fées s'étaient penchées sur mon berceau à ma naissance. Jane Fonda m'offrit une gigoteuse, qui deviendra mon indispensable doudou, et fournissait les couches en tissu arrivées tout droit de Californie. Clara Malraux, notre voisine à la campagne, à qui je piquais les lunettes pour me déguiser, venait soutenir ma mère. Simone Signoret m'apprit à me laver les dents et à me parfumer, en me laissant un flacon de

Jicky que je conserve encore. Ce panthéon d'étoiles me garantissait-il la beauté et le succès ? Leur présence chaleureuse ne remédiait pas à mon sentiment d'insécurité. Mes angoisses s'évaporaient avec l'arrivée des alliées de ma mère, toutes latino-américaines, indépendantes, gauchistes et féministes, qui passaient régulièrement cuisiner un bon petit plat et me garder le soir. Elles étaient aussi fiables et fidèles que maternelles. Elles assuraient au quotidien sur tous les fronts, domestiques comme politiques, dans la gaieté, la solidarité et la discrétion : de véritables héroïnes. Chacune avait sa spécialité : la Mexicaine Marta Solis faisait le pain, la Chilienne Ruver Fuentes la soupe, la Vénézuélienne Mariana Otero avait un immense chien, Olafo, qui me servait de peluche.

On m'emmenait partout. À dîner, à une réception officielle à l'ambassade, en cours à l'université... Ma naissance n'allait pas coincer mes parents chez eux. Combien de fois j'ai pu entendre : « Je t'ai connue bébé dans ton couffin ! » « Tu étais tellement petite que je pouvais te mettre dans ma poche. J'avais une poche pour mes carnets et mes stylos, et une autre pour toi. C'était très pratique. Je pouvais t'emporter partout avec moi », me racontait mon père, très fier de cet arrangement. Je n'étais pas une entrave à sa liberté. Quel était son secret ? Il ne me l'a pas transmis. La maternité m'a rendue casanière.

Ma naissance n'engendra pas de rituel familial. « On ne naît pas mère, on le devient. » Cela vaut aussi pour les pères. La maternité impliqua une responsabilité que ma mère assuma comme elle put, dans un pays qui n'était pas le sien. Mon père effleura les mystères de la paternité sans toutefois y accorder de l'importance. Il avait un dilemme à résoudre : comment devenir père alors qu'on est soi-même en quête de figure paternelle ? Il n'allait pas cesser ses voyages – à Cuba ou au Nicaragua, où il arriva avec sa panoplie de guérillero le lendemain de la victoire des sandinistes –, ses disparitions, ses journées enfermé à écrire, ses soirées avec « ses dames », pour un bébé avec qui les discussions politico-philosophiques tournaient court.

À ma naissance, mes parents vivaient chacun chez eux, au milieu d'un foutoir de livres et de dossiers. Dans sa démission, mon père s'était avéré responsable. Grâce à un prix littéraire, il nous logeait, ma mère et moi, dans une boîte à chaussures où la mezzanine me servait de refuge. Un adulte ne pouvait s'y tenir debout. Cela limitait les visites d'importuns. D'autant plus que l'escalier raide en effrayait plus d'un. Ils cloisonnaient leur vie ; je faisais pareil, retranchée dans mon royaume mansardé.

Mon père nous avait sous la main, la conscience tranquille. Il passait régulièrement, souvent pour manger, toujours en coup de vent. Nous nous retrouvions parfois le week-end à la campagne. Il y eut des fêtes mythiques, car on m'en parle encore, dont celle où Jane Fonda, devenue militante pacifiste, refusa tous les cavaliers transis : « *Later... maybe...* » leur répétait-elle, en attendant que mon père l'invite enfin à danser. Et des journées calmes de jardinage avec Chris Marker ou Louis Althusser, qui aimait cuisiner et s'occuper des roses. Mon père oscillait entre glamour et philosophie, entre paillettes et bibliothèque.

Il y eut aussi des longues soirées d'accablement, quand le compte en banque était aussi vide que le frigo, et que mon père n'était pas joignable depuis des semaines. Ma mère flanchait rarement. Quand cela arrivait, j'étais désarçonnée. Sa famille était loin, ses camarades englués dans le combat politique, et son mari se révélait pire qu'Ulysse. Il y avait de quoi vaciller, même si elle s'était choisi cette vie-là. Des amis latinos alertés débarquaient à l'improviste avec des sacs à provisions bien garnis. Leur présence emplissait alors d'allégresse la maisonnée et promettait de bons repas, des rires et de la tendresse. Ma mère, toujours rigide, ravalait ses larmes et se détendait un peu, ce qui était aussi rare que les années bissextiles. Quelle idée d'avoir un enfant avec un intello français, aussi inconstant, volage et radin, que les épreuves de la prison n'avaient pas fait grandir ? Ce choix me sembla toujours mystérieux… elle était si belle et si intelligente, toujours supérieure en tout à tous. Elle pouvait être spécialiste de la lutte armée comme des rideaux, du pot-au-feu comme de l'ethnopsychologie, dans la même journée, et avec la même rigueur et inflexibilité. Pour l'heure, elle s'attelait avec zèle à ses études qui avaient été trop vite tronquées pour les besoins de la révolution.

Elle avait aussi décidé d'adopter un pays. Nous étions pourtant plus heureuses au Venezuela, pays alors en pleine croissance et effervescence. À bout, ma mère m'avait emmenée, en 1978, chez elle. Sur les photos, elle a retrouvé son teint de peau prune qui lui sied si bien. Son sourire éclatant décèle un épanouissement certain. Pour mon anniversaire de deux ans, je cours dans une élégante et fluide robe blanche, dans un immense jardin à la végétation tropicale luxuriante. Il y a des ballons et des confettis accrochés à la statue de Balzac de Rodin. Nous sommes à «Macondo», la propriété de la famille Otero, dont le père fut le fondateur du Parti communiste vénézuélien et du quotidien *El Nacional*, et qui avait le mérite d'être aussi impliqué dans les arts et la littérature que dans la politique. Je suis entourée des Otero et des Burgos : notre famille politique et affective, et notre famille biologique. Je ne suis plus l'enfant d'une mère délaissée, mais la petite fille choyée au sein d'une grande tribu. Je passe de bras en bras, je mange des glaces avec mes cousins, je découvre les plaisirs de la plage. Le Venezuela sera depuis mon paradis. J'y ai laissé une saveur de bonheur. Pourquoi être finalement rentrées en France ? Elle s'imaginait vraiment que durant notre absence prolongée mon père allait se réinventer en époux et père exemplaire ?

J'ai retrouvé une cassette que mon père m'avait envoyée à Caracas. Il aurait pu me faire parvenir une lettre que ma mère m'aurait lue mais il devait se méfier de son intermédiaire. Il est pourtant plus doué pour l'écriture que pour l'oralité. «N'apprends surtout pas l'espagnol», me recommande-t-il. Bizarre pour un internationaliste qui s'était pris pour un Latino durant un tiers de sa vie. Et ma mère obtempérait et ne me parlait qu'en français. Elle se voulait une femme libre, mais elle était finalement soumise aux préjugés de mon père. Elle fut la seule à résister à l'emprise de Fidel, sans jamais tomber sous son charme. Elle éclairait mon père sur le dessous des cartes et les complots car, naïf et myope, les subtilités latino-américaines lui échappaient souvent. Et elle lui cédait sur mon éducation, alors qu'il n'assurait pas mon quotidien. Était-ce par complexe ? Cette énigme persiste.

Quel père était-il ? Je me souviens juste de son rire à gorge déployée, de son regard absent et ténébreux, et de ses moustaches qui piquaient mes joues.

Pourquoi retient-on certains événements de notre enfance alors que des pans entiers tombent dans l'oubli ? Je suis dans la grande salle de bains de la maison de campagne, inondée de soleil. Je sais que je n'ai pas le droit d'aller sur le balcon envahi par la vigne vierge. Mon père vient de sortir de la douche. Je le regarde se raser la barbe avec minutie. Il fait des grimaces incroyables avec sa bouche, puis, satisfait du résultat, file vers la chambre. Je prends son blaireau encore plein de savon que j'étale sur mes joues. C'est drôle et c'est doux. J'imite son rituel du matin. Je prends le rasoir, je le passe sous l'eau puis le fais glisser délicatement sur ma joue. Le sang se mélange à la mousse blanche du savon à barbe. Je n'ai pas mal mais je m'inquiète un peu. J'ai oublié la suite. J'ai longtemps gardé une fine balafre sur la pommette droite. Était-ce l'aboutissement de mon identification au père, ou juste un jeu espiègle ?

J'eus une deuxième cicatrice sur le visage, bien plus visible. Je dévalais les marches, chaussée de mes nouveaux sabots rapportés de Suède et dont j'étais si fière. Ce pays modèle que ma mère aimait tant, ou était-ce plutôt Olof Palme, cet intègre et humble visionnaire, qu'elle appréciait vraiment ? Lui aussi sera assassiné, en 1986 : la politique audacieuse était décidément liée au drame. En ce calme dimanche après-midi, je tombai la tête en avant dans les escaliers, atterrissant sur la machine à écrire de mon père, posée en bas des marches, ce qui me valut quelques points de suture sur l'arcade sourcilière. Certains pourraient y voir un mauvais présage, mon premier choc avec l'autorité paternelle.

Je passais mes journées à dessiner sur ses manuscrits, ce qui le stressait énormément. Je tenais à mettre un peu de couleurs et de joie sur ces papiers épars. Il y en avait des tonnes, partout, donc j'avais de quoi faire. Je n'étais guère intéressée par mes poupées indiennes en tissu, tristes et fragiles. J'ai toujours détesté ce marron terne, couleur de l'Altiplano bolivien.

Il y eut aussi des moments de bonheur suspendu, que j'ai découverts récemment. Notre amie Fabienne a filmé mon premier séjour au ski : à trois ans, je descends une piste sur les épaules de mon père. Je suis bien agrippée à lui et je souris, émerveillée. Cela devait être une sacrée sensation, entre le vol et la glisse. On distingue un bonnet qui surplombe de grands yeux bleus et des joues rebondies bien rouges. Mon père a pensé à me couvrir, peut-être pas à me mettre de la crème solaire. Ma mère a sûrement acheté ce bonnet

177

en inspectant minutieusement les coutures, la qualité et la forme : elle ne sait rien faire à la légère. Elle est restée à Paris, par discrétion, mais elle a pensé à tout, comme d'habitude. Elle a dû préparer les valises avec autant d'attention qu'on élabore un coup d'État. Et mon père assure en parent célibataire qui veut faire découvrir à sa fille les plaisirs de la neige. Son père était un grand skieur, lui se débrouillait pas mal ; il mise sans doute sur la transmission du ski pour souder des liens. M'inculquer la culture du Nord, pour que je ne sois pas qu'un papillon des îles. Il porte une gabardine verte, celle que le Che lui avait donnée. Il n'est pas du genre à renouveler souvent sa garde-robe. Nous avons l'air joyeux tous les deux, heureux d'être l'un avec l'autre. Était-ce juste un moment fugace ?

Sur les photos de ma tendre enfance, on me voit habillée en salopette toute l'année – longue en hiver et courte en été – avec parfois un bandana mauve sur la tête, sur les genoux de mon père. Nous sommes en conciliabule, nos deux visages rapprochés, avant un câlin et après des confidences. Il y a une complicité dans l'air mais elle devait être passagère. Je souffrais de ses disparitions et de ses faux-fuyants. Des absences justifiées auraient été plus rassurantes. Ma mère le dédouanait, en me parlant de ses femmes, de ses pérégrinations et de ses livres. Elle m'a toujours parlé comme à une adulte. J'étais l'oreille de ses tirades qui cachaient mal ses frustrations. Elle s'enfermait dans un rôle de victime et je devais être son alliée : n'étions-nous pas toutes les deux délaissées ? Je ne comprenais rien à ce flot de récriminations ; je voulais juste pouvoir compter sur un père, une mère, et une situation claire. On m'attribuait un rôle, otage d'un conflit larvé, au lieu de me laisser vivre naïvement et tranquillement.

Le canapé du salon voyait défiler bien des exilés. La fraternité politique supposait une solidarité absolue. À l'époque, les réfugiés n'arrivaient pas en masse. Ils quittaient au compte-gouttes leur pays, le Chili, depuis 1973, ou l'Argentine, depuis 1976, et chaque sortie était une victoire sur le régime militaire. Une victoire célébrée par la gauche française de ce temps, totalement latino-américanisée : « Elle vivait de manière fusionnelle les luttes politiques que menaient alors les peuples latino-américains », se souvient Jack Lang.

À force de les écouter, je développai la phobie des militaires. N'importe quel uniforme me tétanisait : allait-on, moi aussi, m'arrêter, me torturer, me tuer ? Je me méfiais même du gardien de la paix en charge de la circulation boulevard Raspail – sans aucun doute, le futur collaborateur d'un dictateur. Je lui lançais des regards noirs à chaque fois que je traversais la rue.

Toujours cordiaux et énergiques, ces frères d'armes incarnaient ce continent latino-américain lointain et mystérieux. Ils illuminaient mes hivers gris et monotones. Là-bas, la politique était héroïque ; ici, elle était juste tactique. Mon père s'initiait aux querelles de clocher de la gauche, charmé par François Mitterrand, par son ironie, sa culture et sa malice. Le compagnon de route de la révolution internationale devenait le compagnon de route des villages et des cafés de France.

J'avais un faible particulier pour les camarades boliviens, pour le fameux Juan Lechín, que j'appelais « le plus beau monsieur du monde », et aussi le plus élégant avec son pardessus en alpaga, son chapeau de gentleman anglais, et son foulard en soie autour du cou ; pour son fils Juan Claudio et son ami Eduardo, reconvertis en universitaires parisiens. Peut-être parce qu'ils étaient souriants, séduisants et bien habillés. De leur démarche d'hidalgo se dégageait une fierté, celle d'être boliviens et d'être qui ils étaient, des héros des temps modernes. Parce qu'ils avaient aussi dépassé le stade de l'hystérie débordante et brouillonne de l'engagement politique. Ils incarnaient une pensée politique réfléchie, pragmatique et pacifique, qui révélait une distinction même dans leurs actions coup de poing. Ils ne se rabaissaient pas à répondre à la violence par la violence ; leur ténacité était absolue, et leur tactique coriace.

Lors de l'été 1980, ils prirent l'ambassade de Bolivie à Paris pour dénoncer le coup d'État de Luis García Meza Tejada qui venait de renverser la fragile démocratie bolivienne. Une cinquantaine de militants de la COB s'installèrent dans les salons de la chancellerie, expliquant aux journalistes français la situation critique que traversait leur pays. Ma mère, accompagnée de ma grand-mère, était venue les soutenir. Ils tenaient à raviver la solidarité de la France, cette terre des droits de l'homme dont les Latino-Américains attendaient toujours un geste, une sanction, une bienveillance. La France n'a pas été qu'un pays européen où on préserve l'art de vivre et les acquis sociaux. Elle avait une voix sur la scène internationale, une voix qui comptait. Et cette voix était fondamentale aux yeux de mes parents.

Eduardo resta en France pour achever ses études. Il cuisinait quand ma mère était fatiguée, venait me chercher à l'école quand ma mère était malade, m'offrait une glace au goûter quand il n'y avait plus d'argent à la maison, et surtout, m'apprenait à faire du vélo le dimanche. Combien de fois il courut derrière moi, prêt à me rattraper en cas de chute ! C'était le seul à se dévouer. Il ne se dérobait jamais. J'aurais bien échangé mon moustachu de père, bégayant et fuyant, contre ce jeune Bolivien, barbu et jovial.

Mon père ne se demanda jamais qui m'apprit à faire du vélo. Il devait penser que c'était comme la marche, un automatisme naturel. Dès cinq ans, je déambulais à ses côtés à bicyclette dans les rues de Paris. C'était trente-cinq ans avant la tendance écolo bobo, le port du casque obligatoire et les Vélib'.

J'ai grandi dans un monde binaire, où le gris n'avait pas de place, et où les tièdes étaient dénigrés.

J'avais compris qu'un fossé infranchissable séparait deux camps : on ne fréquentait pas les gens qui lisaient *Le Figaro*, allaient à Deauville, et s'ils vivaient rive droite, ils étaient très suspects. Mon oncle paternel faisait partie de cette catégorie ; du coup on ne s'attardait pas avec lui au-delà du repas familial annuel organisé par mes grands-parents, rare tradition bourgeoise à laquelle mon père acceptait de se soumettre, quoique à reculons. On n'échappe jamais totalement à sa famille. La nôtre était déchirée en deux, comme autrefois les dreyfusards et les antidreyfusards, sauf que nous étions au début des années 80.

Les deux candidats à l'élection présidentielle occupaient la plupart des conversations parentales : Giscard et Mitterrand revenaient en boucle. Mes parents parlaient de programme, de coalition et de besoin de changement. En avait-on vraiment besoin ? Habituée à voir VGE dans les médias, je ne comprenais pas pourquoi il fallait changer de vedette.

D'autant plus que je le trouvais sérieux, distingué et rassurant. Les costumes trop courts de Mitterrand et son sourire crispé ne m'inspiraient guère confiance. J'avais raison de me méfier : il me volera mes parents...

IV

Le pouvoir

Le 21 mai 1981, la place du Panthéon fut envahie d'une foule joyeuse qui attendait l'arrivée du président fraîchement élu. Il paraît qu'il allait changer la vie. Mon père, pour soudoyer mon soutien, m'avait promis des poissons volants dans l'océan Pacifique et la gratuité des jeux du jardin du Luxembourg. Les jeux sont toujours aussi chers et je n'ai jamais vu de poisson volant. La politique m'a très tôt déçue...

Ce jour-là, je me tenais serrée contre ma mère. Je voyais défiler des voitures noires aux fenêtres fumées. Des hommes au costume sombre et à la mine sérieuse en sortaient. Tout à coup, j'aperçus parmi eux mon père. Je lâchai la main de ma mère, passai en dessous de la barrière de sécurité et courus pour sauter dans ses bras. La police n'est pas entraînée à contrer la rapidité d'une enfant haute comme trois pommes. Je ne sais plus comment mon père, encombré et sûrement embarrassé, s'est débarrassé de moi avant de s'engouffrer avec ses futurs collègues de bureau dans ce mausolée des grands hommes. Il avait rendez-vous avec l'histoire ; je pensais avoir rendez-vous avec lui. Dommage.

La seconde fois que mon père parut si gêné lorsque je lui sautai dans les bras à l'improviste fut au jardin du Luxembourg, lors d'une après-midi ensoleillée, quelques mois après le premier incident. Je me promenais avec ma nounou espagnole, Belli, qui s'occupait de moi depuis ma naissance et faisait dorénavant partie de la «famille», lorsque je le distinguai au loin. Je volai à sa rencontre. Il était en compagnie d'un «personnage dangereux», un apprenti terroriste, lié à l'IRA, persécuté par les services secrets français. Cette rencontre à haut risque devait être secrète. Sa fille, encore une fois, compliquait la situation... Difficile d'être à la fois père et conspirateur.

À partir de mai 1981, mes parents occupaient des « fonctions », c'est-à-dire qu'ils passaient leur vie au bureau. Mon père était devenu conseiller du président, chargé de mission pour les relations internationales. Ma mère avait été nommée directrice de la Maison de l'Amérique latine, un haut lieu de rencontres et d'expositions fondé en 1946 sous l'impulsion de De Gaulle suite à l'élan de solidarité des élites latino-américaines avec la Résistance – trois cents des quatre cents comités d'aide à l'effort de guerre de la France libre à travers le monde s'étaient formés en Amérique du Sud. Mes parents étaient tous deux engagés dans l'Association du 21 juin 1981 qui, avec l'aide précieuse de Danielle Mitterrand, mettait en place une diplomatie parallèle pour la défense des droits de l'homme dans les pays du tiers-monde. Les dictatures ne manquaient pas : le Brésil, l'Argentine, le Chili, l'Uruguay, la Bolivie, l'Iran… Ils tentaient de faire sortir les opposants de prison, de leur obtenir des visas, de mener des campagnes médiatiques. Une tâche infinie…

Fatigués, stressés, souvent en mission à l'étranger, ils ne jouissaient pas du pouvoir. Ils avaient traversé trop de tragédies politiques pour vivre dans l'illusion et la légèreté. Ils étaient marqués d'une gravité que les autres n'avaient pas. Pourtant, ils y croyaient encore.

J'enviais leurs amis qui vivaient la prépotence comme l'accomplissement d'un rêve, jonglant avec satisfaction avec les voyages en GLAM, les voitures avec chauffeur, les dîners de gala à l'Élysée, les inaugurations, toujours grisés d'appartenir au petit cercle du prince qui, à mon grand soulagement, avait changé de couturier. Le pouvoir lisse ; le vocabulaire et les habits s'harmonisent. De droite comme de gauche, on adopte rapidement la même coupe de pantalon et le même jargon. Certains avaient de nouvelles résidences secondaires dans des régions ensoleillées ou des appartements parisiens plus spacieux. S'ils n'avaient pas encore changé la vie, ils avaient certainement changé la leur. Nous, nous habitions toujours dans notre cagibi, mon père se déplaçait toujours à vélo lorsqu'il n'empruntait pas la vieille Peugeot 104 de mes grands-parents, qui grinçait tellement que j'étais très embarrassée lorsqu'il venait me chercher à l'école, et ma mère ne s'endimanchait pas chez Sonia Rykiel, comme les autres femmes de ministre et de conseiller. Ils n'étaient pas intéressés par les prérogatives, ni par le superflu : le pouvoir était un devoir, pas un privilège.

Les marques à la mode et le confort ne les concernaient pas. La consommation devait être utilitaire et basique. Je dormais sur un futon à même le sol car ce n'était pas cher et c'était bon pour le dos. Ma mère m'habillait dans les boutiques de fripe de la rue Saint-Placide. Au dîner, en hiver, il y avait du pot-au-feu, cuisiné le dimanche pour la semaine, ou des pâtes. Les jours fastes, quand le boucher était encore ouvert à son retour du bureau, ce qui n'arrivait pas souvent, c'était steak haché riz. J'étais au septième ciel quand elle réchauffait des quenelles de brochet. Nos péchés mignons étaient les avocats et les mangues, achetés avec autant de minutie que des pierres précieuses.

L'arrivée d'un toasteur rouge fut un grand événement qui allait égayer mes petits-déjeuners. Encore un geste de générosité de mes grands-parents. Sinon on ne s'accordait jamais de gadgets, de luxe, de douceurs… et certainement pas de Coca-Cola ou de corn flakes. C'était nord-américain donc forcément mauvais. Il ne fallait pas succomber au marketing de ces produits malsains, venus de l'empire ennemi. Chez nous, il était donc inconcevable de consommer américain… à l'exception de quelques films d'action vus en cachette avec mon père, comme certains *James Bond* ou même, avouons-le, des *Indiana Jones*. Cela devait lui rappeler des souvenirs. Sinon j'allais à la Cinémathèque voir des films de Chris Marker à l'effet soporifique radical.

Un dimanche, alors que mon père se rendait avec moi à une énième projection, quelqu'un prit l'initiative de m'emmener dans la salle à côté. Je vis avec émerveillement *Peau d'âne* de Jacques Demy. Je devais avoir six ans mais je n'en suis pas certaine.

J'ignore aussi le nom de la personne qui me permit de me soustraire pendant deux heures à cet univers d'hommes sérieux et imbus d'eux-mêmes et j'en ai presque honte. L'avait-elle fait par pitié pour la petite fille tout de rose vêtue, spectatrice oubliée dans un monde d'adultes qui ne se pliaient guère aux envies ni au rythme de leur progéniture ? La pédopsychiatrie n'envahissait pas encore les ondes. Il y avait « le monde à changer », c'était le principal. Les enfants suivaient sans broncher, témoins muets et plus tard reconnaissants. Certains osaient adopter une attitude rebelle. Je ne m'y risquais pas. Au pire je boudais, affichant mon ennui ou ma faim. Ou je filais. Lors d'un déjeuner dominical qui s'éternisait chez le très sympathique et jovial architecte Roland Castro, sa fille et moi avions décidé de nous promener sur les toits. Nous nous sommes retrouvées sur le zinc de l'immeuble haussmannien, comptant le nombre de cheminées et admirant la statue de Jeanne d'Arc. Je revois mon père tétanisé par le vertige, et son ami aussi agité qu'angoissé. La marmaille pouvait parfois susciter des émotions aussi fortes que la politique…

Avec mes parents, rien n'était léger ou gai. Leur ton était sérieux, les enjeux cruciaux. Je n'y comprenais pas grand-chose et ils ne se souciaient guère de m'inclure dans leurs sujets de conversation.

Un soir, j'osai demander à mon père la différence entre la gauche et la droite, ces mots qui revenaient en boucle et qui restaient totalement énigmatiques à mon entendement d'enfant.

« Si tu croises une petite fille pauvre qui n'a pas de chaussures, que fais-tu ? me demanda-t-il, espérant éveiller en moi un soupçon de compassion.

— Je lui donne toutes mes chaussures et je file m'en acheter d'autres ! » répondis-je fièrement.

Il tenta de m'expliquer que la petite fille de droite gardait toutes ses chaussures pour elle, se souciant peu du sort des petites filles moins gâtées qu'elle, et que la petite fille de gauche partageait ses chaussures pour que plus aucune petite fille démunie ne vive pieds nus. Moi, j'aimais juste les chaussures fuchsia et j'étais enthousiaste à l'idée d'en avoir des neuves. Il devait être déçu d'avoir une fille si matérialiste, pour qui l'achat du moindre feutre de couleur était une fête.

Je laissai mon père songeur, essayant probablement de se remémorer ses cours sur l'inné et l'acquis. Et moi, je n'étais pas beaucoup plus avancée sur le sujet.

Mes parents se montraient toujours insatisfaits et inquiets. Et ils n'étaient jamais à l'unisson de la jubilation collective. Après la guérilla armée, la guérilla intellectuelle : résister à l'époque, aux réjouissances nationales, à la facilité. Et en plus porter le poids du monde sur leurs épaules, surtout celui du tiers-monde.

Il y avait un passage du discours de Cancún, encadré dans l'entrée de l'appartement de mon père, que j'aimais relire parce que c'était lyrique et que je savais qu'il y avait laissé un morceau d'âme. « À tous les combattants de la liberté, la France lance son message d'espoir. […] Salut aux humiliés, aux émigrés, aux exilés sur leur propre terre qui veulent vivre et vivre libres. Salut à celles et à ceux qu'on bâillonne, qu'on persécute ou qu'on torture, qui veulent vivre et vivre libres. Salut aux séquestrés, aux disparus et aux assassinés qui voulaient vivre et vivre libres. […] À tous, la France dit : courage, la liberté vaincra. » Cette longue exhortation, prononcée en fait à Mexico le 21 octobre 1981, fut une des rares allocutions présidentielles que Mitterrand prononça sans en changer une virgule.

Dix ans plus tard, il y eut sur le mur d'en face le « J'accuse » de Zola. Le temps avait passé et les illusions aussi : « Une République vouée aux sondages doit inscrire sur ses frontons : Vanité, Rivalité, Publicité. » Ses années à l'Élysée avaient laissé un parfum d'amertume.

Incapables de prendre des vacances sauf pour lire et écrire, tout avait une connotation politique, y compris le choix de la femme de chambre, descendante de réfugiés espagnols républicains, infirme, qu'il fallait employer même si elle ne pouvait pas passer l'aspirateur.

Lorsque j'appris que ma mère reversait ses droits d'auteur à une fondation destinée à aider les Indiens du Guatemala, je la menaçai de fugue afin qu'elle cesse. Ma menace était sérieuse, j'en étais une spécialiste. Comment pouvait-elle penser au bonheur des autres avant le nôtre ? Je ne me souciais guère des pauvres Indiens que je ne connaissais même pas. Et j'étais déçue de ne pouvoir inviter plus d'un seul copain à la maison car le salon était trop petit. *Shame on me.* Aujourd'hui, ma fille de huit ans fait quinze minutes de queue pour acheter son gâteau préféré, malgré mon impatience bouillonnante, puis le donne à un SDF trois pas plus loin, en dépit de ma stupeur. Les gènes de l'altruisme ont sauté une génération. Cela explique sûrement ma carrière de banquière, même écourtée. Mais j'anticipe.

Harcelée par sa fille indigne, ma mère finit par céder, non sans résistance. Elle avait publié le témoignage poignant d'une jeune Indienne guatémaltèque,

Moi, Rigoberta Menchú en 1983, afin de dénoncer la répression des Indiens lors du conflit entre l'armée et la guérilla. Le livre, relayé par un documentaire, eut un retentissement immédiat au sein de l'opinion internationale. Rigoberta Menchú reçut le prix Nobel de la paix en 1992. Elle devint une star, sauf dans son pays où elle fit à peine trois pour cent des votes lorsqu'elle se présenta à l'élection présidentielle. Elle oublia de remercier celle grâce à qui elle était devenue célèbre. Dire que j'avais supporté en silence son imposante et peu sympathique présence, même pendant les vacances à la campagne. Engoncée dans des tissus indiens dans les tons rouges et blancs, je me sentais obligée de me déguiser pour qu'elle ne soit pas toute seule à arborer un costume bizarre. Je lui prêtais même mes poupées. Mon empathie me surprend parfois. Fière d'avoir contribué à faire connaître le triste sort des Indiens guatémaltèques, ma mère ne lui en tint pas rigueur. Moi, je développai une méfiance à l'égard des représentants médiatiques des plus déshérités. Ceux dont l'unique et fructueux gagne-pain est le malheur des autres. Qu'ont-ils à cacher, à réparer ?

J'étais un monstre d'égoïsme aux yeux de mes parents. Je rêvais de robes de princesse, de jeux aux couleurs criardes et de la maison de Kiki, de bons repas dressés sur une table immaculée, d'un appartement ensoleillé, sans journaux qui traînent partout, ni piles de livres par terre. Qu'avaient-ils donc fait pour avoir une fille qui aimait se promener au Bon Marché, et qui préférait le mille-feuille de chez Mulot à celui du boulanger du coin de la rue ?

Mon père pouvait alors vivre heureux avec un stylo, du papier format A3, du bon café et du poulet rôti. Si le poulet était accompagné de purée Mousseline, et suivi d'un éclair au chocolat, c'était l'apothéose. Il se contentait la plupart du temps de chips, sur une table de cuisine un peu sale. Et si par malheur quelqu'un lui proposait des légumes, il répondait renfrogné : « Jamais de vert. » En revanche, il ne pouvait se passer de dessert, ni de crème de marrons. Un spéculoos, en hommage à ses racines belges, avec un café serré, en souvenir de ses années latino-américaines, mettaient un point final à cette affaire bassement alimentaire. Les repas avec mon père étaient un calvaire mais heureusement ils ne duraient que dix minutes : je n'ai jamais connu d'hommes mangeant si vite. Jusqu'à ce que je rencontre mon mari.

Mon père pouvait compter sur Angela pour que sa garçonnière reste vivable, ses chemises repassées et son frigo rempli. Grâce aux talents de cuisinière de sa gouvernante, il invitait chez lui, à dîner, ses amis, ses collaborateurs et même François Mitterrand. Pour lui, mon père était allé acheter des huîtres et Angela avait flambé le poulet au rhum, ce qui lui valut des félicitations présidentielles. Pour les Védrine, Bérégovoy, Bianco, Badinter, Fabius, c'était poulet farci aux amandes et au miel, ou poulet à la crème et safran. Pour Godard, qui lui offrit son premier téléviseur, le peintre Fromanger, le poète Alain Jouffroy, l'éditeur Jean-Pierre Ramsay, ou le réalisateur Costa-Gavras, c'était poulet au curry qu'on rallongeait le lendemain. Pour ses amis gauchistes, Angela faisait grève. Ce petit bout de femme, d'origine panaméenne, était anticastriste et antisandiniste : « Je ne ferai pas la cuisine à votre bande d'amis marxistes, ce sont des criminels ! » lui criait-elle. Pourquoi mon père s'encombrait-il de cette brune, pro-Reagan, aussi indocile que dévouée ? Il ne voulait pas de Française qui allait lui préparer les mêmes plats qu'on trouve dans les ministères ou chez ses parents. Il aimait autant les mets épicés et exotiques que les femmes au caractère bien trempé. A fortiori quand elles étaient latino-américaines. À ses yeux, l'hispanique bénéficiait d'un halo irrésistible.

Angela tolérait ses « maîtresses en titre » mais lui lançait des regards noirs lorsqu'elle croisait une amante de passage. Il savait alors qu'il serait privé de poulet pendant au moins trois jours. Elle avait été nurse durant sept ans chez la famille princière de Lichtenstein et comptait bien faire régner autour d'elle un minimum de bienséance.

Il avait en elle une confiance aveugle et elle veillait sur lui comme le fils égaré qu'elle n'avait pas eu. Quand elle partait en vacances, c'était le drame : « Je vais rester là, mort de faim, derrière la porte ! Je suis un pauvre travailleur que vous abandonnez alors que vous, vous partez en jet privé retrouver vos amis sur une île de luxe. Vous n'avez pas de cœur. Je ne vais pas survivre à l'été à cause de vous ! » Et la comédie durait des heures… Moi aussi j'étais triste quand elle s'absentait. Nous étions devenues très complices.

Nous avions de grandes discussions toutes les deux dans la cuisine : « Quel est l'homme politique le plus beau, le plus élégant, le plus sympathique ? Entre Badinter et Delors, tu préfères lequel ? Et à droite, tu ne les trouves pas plus séduisants ? Papa est plus beau que Chirac, mais Chirac est quand même plus chic. » Et mon père débarquait, effaré par les préoccupations de la gent féminine de sa maisonnée, sans toutefois oser intervenir dans notre palmarès, compte tenu de notre ton catégorique.

Angela rapportait *Hola* toutes les semaines, l'hebdo le plus lu d'Espagne – révélant l'actualité des *people* et têtes couronnées, et prônant tradition et savoir-vivre –, que je lisais avec attention pendant qu'elle me préparait une pizza. Je suivais avec grand intérêt les soubresauts de la vie du roi d'Espagne. Il battait tous les records de notre hit-parade politique. Mon père avait deux monarchistes qui complotaient sous son toit.

L'ambiance était parfois moins harmonieuse.

« Laurence est de mauvaise humeur et ne veut pas me parler. Elle boude et je ne sais pas pourquoi.

— Eh bien moi aussi je suis de mauvaise humeur et je ne veux pas vous parler. »

Mon père sortait de la cuisine penaud et retrouvait avec soulagement ses livres et ses manuscrits qui eux, au moins, n'avaient pas d'état d'âme. Il anticipait un poulet trop cuit à dîner et une crise de larmes au coucher. Les veillées avec le Che en pleine jungle devaient être moins compliquées à gérer que ses soirées avec sa fille récalcitrante et sa cuisinière caractérielle. Lorsque l'enfant naît, il n'est pas livré avec un mode d'emploi. Et sans mode d'emploi, mon père était perdu. Angela devait lui rappeler qu'un enfant doit manger trois fois par jour, sans oublier le goûter, et se coucher tôt après s'être lavé les dents. Il prenait note pour ne pas oublier.

Je n'aimais pas être spectatrice de ses journées de travail, des journées vouées au vide, à l'attente, à l'ennui. Je n'aimais pas non plus être le témoin de ses différentes postures : séducteur avec ses femmes, sérieux avec ma mère, gêné avec ses parents, déprimé ou exalté avec ses amis, paumé et gentil avec moi. Où était la cohérence parmi ces vies parallèles ? Quelle facette dévoilait sa vraie nature ? C'était peut-être cet homme prostré à son bureau depuis l'aube, qui faisait la grimace quand il cherchait un mot, et arrachait un poil de sa moustache quand il ne le trouvait pas. Qui vivait les rideaux tirés, avec de la musique classique en bruit de fond, jusqu'au déjeuner.

Mon père menait une vie publique dissolue mais sa vraie vie, celle d'écrivain, était disciplinée et claustrale. Sa fille ne pouvait être un obstacle à l'accomplissement de son destin. Plus ses feuilles se noircissaient de son écriture en pattes de mouche, moins je pouvais l'atteindre. Je me sentais en trop. Cette impression de gêner ne m'a plus jamais quittée.

Mes parents se montreront toujours plus prolixes à la critique qu'au compliment : se révéler à la hauteur de ses géniteurs était une injonction implicite. Descendre à dix ans une piste noire à ski avec un bras dans le plâtre : il ne fallait pas retarder mon père alors je ravalai mon sentiment de panique et fonçai, comme lui. Pas de mots d'encouragement, pas de mots de félicitations. Suivre comme un bon petit soldat, sans faillir, sans se plaindre.

Mon père se faisait souvent remarquer. Notamment par la police. Lorsqu'il conduisait imprudemment, et que j'étais en plus assise à côté de lui, sur le siège passager, alors que compte tenu de mon âge j'aurais dû être derrière, les pourparlers commençaient. Sa «carte magique», celle de la présidence, réussissait en général à clore la conversation. Il avait toujours un discours pour le président à apporter de toute urgence. Quand c'était vrai, il s'agitait presque comme Louis de Funès. Quand c'était faux, il lançait des regards noirs de rage. J'étais devant car mon père m'apprenait à passer les vitesses. Je n'étais qu'à l'école primaire mais il fallait vite que j'aie mon permis et que je prenne mon indépendance. Ma liberté équivalait au bonheur paternel. En tout cas à sa tranquillité. Les responsabilités, ce n'était pas son truc.

Quand il devait s'occuper de moi certains weekends, il venait me chercher le samedi matin, l'air sombre et préoccupé. Appréhendait-il ces moments où il serait plus encombré qu'à la normale ? Il commençait à bégayer, je le chambrais, le week-end commençait bien.

Je savais que je ne pouvais pas lui demander l'impossible ; j'étais résignée à passer mon temps dans des salons d'adultes, plutôt qu'au jardin avec des enfants de mon âge. Mon père n'allait quand même pas mettre les pieds dans un bac à sable et jouer. Aucune imagination, aucune fantaisie. Un handicapé de la vie qui ne pouvait pas retrouver sa part d'enfance. En avait-il eu une ? Sa tante racontait qu'il lisait *Le Monde* à sept ans et qu'à dix il le corrigeait. J'avais un père qui ne savait que lire et écrire. Au moins il ne déléguait à personne la rédaction de ses réflexions. Il a toujours travaillé sa plume et affûté ses phrases, comme un artisan de l'écriture, à la main et avec une infinie patience, prouvant au monde son immense érudition au risque de perdre des lecteurs, de plus en plus paresseux et de moins en moins cultivés. Pour le reste, je ne pouvais pas compter sur lui. Sauf pour les câlins et les bisous. C'était le spécialiste du bisou chinois, du bisou eskimo, et du plus difficile de tous, le bisou papillon. Des roulades aussi, à deux, sur le lit ; ou encore mieux, dans l'herbe.

Ma mère lui faisait bizarrement confiance et me confiait sans rechigner. Peut-être même était-elle soulagée. J'ai beaucoup de mal à laisser mes enfants, même à leur père. J'ai peur qu'il les oublie ou qu'il les perde. On m'a perdue une fois et même oubliée. Ces angoisses ne s'estompent pas avec le temps. J'avoue avoir voulu tenir mes enfants en laisse dans les rues encombrées et les aéroports bondés. La panique engendre des pensées peu recommandables.

Un samedi en fin de journée, nous étions sortis tous les deux faire le périple habituel : acheter le poulet rôti et les chips chez le boucher puis, sous mon injonction, un bouquet de fleurs pour égayer l'austère petit appartement. La rue de Buci était très animée et le soir tombait. J'avais cinq ou six ans et il me tenait la main fermement. Parfois il s'arrêtait pour m'embrasser et ça me piquait, alors je préférais les baisers eskimo. Il portait les sacs de courses, du coup j'ai lâché sa main.

J'étais entourée de paires de jambes, j'étais bousculée, mais je ne le voyais plus. Je savais qu'il était très myope et qu'il avait du mal à me reconnaître : il trouvait que tous les enfants se ressemblaient. Je décidai de ne plus bouger : il allait bien réapparaître ce fichu papa tête en l'air, il verrait bien une petite fille blonde fixe comme une statue. J'avais froid et je commençais à trouver le temps long. La nuit était tombée et les boutiques fermaient alors j'ai essayé de retrouver le chemin de la maison.

J'ai déambulé dans les ruelles du quartier. Je suis encore saisie par mon affolement, par cet immense sentiment de solitude. Attirée par un grand dôme brillant dans la nuit, je me suis retrouvée devant l'Institut de France. J'allais traverser n'importe comment les quais de la Seine, je voyais les feux des voitures foncer sur moi, quand une main me souleva par le col. C'était une femme aux cheveux châtains, qui parlait le français avec un accent latino-américain que j'avais l'habitude de distinguer. Elle m'a posé des questions, gentiment et calmement. À part mon nom et celui de mes parents, je ne savais pas grand-chose d'autre sur moi. J'étais très fatiguée, j'avais du mal à parler. Alors j'ai sorti de ma poche un petit calepin rose que ma mère m'avait offert. Elle avait eu la bonne idée d'y inscrire mes coordonnées. Je n'allais donc pas être orpheline tout de suite. Cette Chilienne m'a ramenée chez mon père. Quelle tête a-t-il fait lorsqu'il m'a vue sur le pas de la porte ? Je ne sais plus. J'ai appris plus tard qu'il avait alerté la police, anxieux et gêné. Je dois beaucoup à cette inconnue. Je crois depuis aux anges gardiens.

Les cinq années suivantes, mon père a doublé d'attention pour ne pas me perdre à nouveau : un véritable défi, presque aussi angoissant que l'issue de la guerre froide. Il oublia juste une fois de venir me chercher au centre aéré du mercredi. Ou plutôt il pensait que c'était au tour de ma mère, qui de toute manière était à l'hôpital donc dans l'incapacité de venir. Il ne restait plus que moi à la sortie de l'école. Par pitié, le père d'une camarade me recueillit chez lui. Il avait laissé un petit mot sur la porte au cas où quelqu'un me réclamerait. Puisqu'il était tard, il m'offrit à dîner et sa fille me prêta un pyjama. Je me demandais si je n'allais pas changer de père et gagner du même coup une sœur. Dieu avait peut-être compris qu'il fallait me donner un autre foyer. Au moment où j'allais m'endormir sur ces pensées, mon père apparut à la porte, un peu penaud. Il se retrouvait en plus face au responsable du courrier de l'Élysée. C'était mauvais pour sa réputation : trublion et en plus père indigne.

Finalement, il n'y eut que deux incidents de ce genre : un miracle, compte tenu de l'emploi du temps de mes parents. S'occuper d'une petite fille, sauver le tiers-monde, écrire des livres : il fallait bien qu'il y ait des dommages collatéraux occasionnels. Sinon, mon père était là. Embarrassé d'être père mais présent tout de même.

Certains week-ends coïncidaient avec ses gardes à l'Élysée. Je l'accompagnais dans sa prison dorée qui n'était pas vraiment renommée pour son kid's club. Je lisais pendant que mon père étudiait les dépêches qu'on lui apportait toutes les heures. Entre deux dépêches, je demandais timidement si un goûter était prévu. Il n'y avait ni crêpe, ni Ovomaltine à l'Élysée. Juste des plats en sauce ou des viandes bien rouges. Tout ce que je déteste. M'étant perdue une fois dans les couloirs en essayant de trouver l'accès au jardin, je préférais ne plus m'aventurer en dehors de la chambre. Quel gâchis de laisser ces immenses espaces verts à l'usage exclusif des membres du gouvernement alors que les familles s'entassent dans des petits squares poussiéreux : elles mettraient un peu d'ambiance dans ces immenses résidences du pouvoir où l'on vit entre soi et à pas feutrés. Un lundi matin, j'arrivai bien fatiguée à l'école. Nous avions été réveillés en pleine nuit pour cause de coup d'État dans un pays africain. Mon père avait dû gérer la crise, en passant des coups de fil qui m'empêchaient de dormir. « Oh la vache ! » répétait-il à chaque nouvelle dépêche.

Difficile d'expliquer à la maîtresse les raisons de ma somnolence. Elle n'était pas très compréhensive. À la moindre occasion, on me faisait remarquer en classe que je n'allais quand même pas la ramener comme mon père. Il était alors un personnage clivant, déclenchant haine et polémique.

À l'école, j'apprenais que mon père avait encore fait parler de lui : les sarcasmes des maîtresses, les copains qui répètent ce qu'ils entendent chez eux, autant d'épreuves qui vous apprennent très vite à faire profil bas.

En octobre 1982, une réponse désinvolte de mon père à un journaliste lors d'un sommet de la francophonie au Canada provoqua une polémique, aussi bruyante que vaine : Bernard Pivot, avec sa fameuse émission *Apostrophes*, exerçait « une véritable dictature sur le marché du livre ». Pivot un dictateur ? La machine médiatique s'emballa, le monde littéraire fut en émoi. Lorsque mon père m'appela du Canada, à l'issue de son intervention, je l'interpellai : « Qu'as-tu dit encore ? Je ne sais pas qui est ce Pivot mais tout le monde est scandalisé contre toi à Paris ! » Il ne le savait pas. C'était un temps sans Internet ni téléphone portable. « C'est une tempête dans un verre d'eau, ma chérie. Ne t'en fais pas. » Cette phrase m'est restée car je mis du temps à la déchiffrer. Lui comprit avec ce coup de fil que la controverse était grave. Être conseiller du prince supposait une langue de bois qu'il ne dominait pas. Mitterrand prit la défense de l'offensé, mon père dut présenter sa démission au président, qui la lui refusa, puis se justifier auprès de l'intéressé publiquement. La gravité de l'affaire m'échappe encore aujourd'hui...

Il aimait partir en voyage officiel. C'était ses colonies de vacances à lui. Il me racontait des anecdotes marrantes : comment le cortège de voitures officielles avait démarré sans lui, comment il s'était retrouvé dans la voiture de Mitterrand pour corriger un discours à la dernière minute, pourquoi il s'était endormi au dîner de gala, quelles gaffes avaient irrité son hôte... Et moi je lui demandais :

« Pourquoi es-tu pour la bombe atomique ? Elle provoque beaucoup de morts tu sais...

— C'est une arme de dissuasion ma chérie. Elle n'est pas faite pour être utilisée.

— N'empêche qu'elle a déjà été lancée...

— Nous devons être une puissance forte et respectée dans le monde. »

La France menait alors des essais nucléaires dans le Pacifique, malgré les tentatives de boycott de Greenpeace. Leur navire, le *Rainbow Warrior*, fut maladroitement coulé, en juillet 1985, par les services secrets français, déclenchant scandales et émoi après la mort d'un photographe portugais. Le sujet était abordé dans la cour de récréation : il y avait les enfants dont les parents étaient pour ou contre. Et moi j'hésitais à prendre la position contraire à celle de mon père. Devais-je être solidaire ou assumer mon opinion ?

C'est aussi lors d'une récréation, et à la même époque, que j'appris que j'étais la fille d'un prisonnier, voire d'un terroriste… décidément, mon père n'assurait vraiment pas. En plus de bégayer, d'être tête en l'air et mal fagoté, c'était un repris de justice. J'étais rentrée effarée à la maison. Je réclamais des explications. Une surdité subite semblait alors frapper mon père. Mon insistance accula ma mère à fournir quelques faits, sur un ton froid et détaché. Je me contentai de : « Ton père a été arrêté en Bolivie par un gouvernement militaire pour ses opinions politiques. » J'avais donc raison de me méfier des militaires et de la politique.

Je vivais dans l'angoisse de devoir avouer à l'école la profession de mon père. J'aurais rêvé de dire « avocat » ou « médecin », qui part le 14 juillet dans sa propriété en Normandie, qui joue au tennis le week-end, qui fête Noël avec ses enfants autour d'un grand sapin. « Écrivain » ne me paraissait pas une situation sérieuse, un peu comme jardinier ou bricoleur, alors je me rabattais sur « fonctionnaire », en espérant que mon père ne démissionnerait pas encore de son énième poste.

J'apprenais ces rebonds professionnels à la radio le matin, comme tout le monde. Un petit avertissement de sa part aurait été le bienvenu : je n'ai jamais eu droit à des explications ou à des préavis, les médias se chargeant de notre communication interne. J'étais rarement surprise, juste un peu déçue. Je le savais atteint de la « démissionite », une maladie peu courante chez les hommes de pouvoir, qui ne peuvent se passer longtemps de secrétaire, de chauffeur, ni de vaine agitation. Ils se croient d'autant plus indispensables qu'un agenda vide les effraie. Malheureusement mon père n'était pas un homme de pouvoir. Il ne savait pas en profiter, il ne savait pas le garder. Il avait besoin de silence pour réfléchir ; il avait du mal à faire des compromis. « Comment veux-tu que je continue à être maître des requêtes au Conseil d'État s'il n'y a plus d'État ? » me dit-il lorsque je lui reprochai, en 1992, sa énième désertion. J'espérais juste que cela ne susciterait pas de polémique. Mais il ne pouvait pas s'empêcher d'écrire un article dans *Le Monde* pour expliquer, alerter et se justifier.

Une contrepartie au fait que mon père ne soit ni avocat ni médecin était les Noël de l'Élysée. On ne m'a jamais laissée croire au père Noël, « supercherie capitaliste », mais on m'a toujours permis d'assister aux célébrations. Comme tous les enfants dont les parents travaillaient à la présidence, j'allais « au bureau de papa », vêtue de ma plus belle robe offerte par une de mes prodigues marraines, assister aux réjouissances, qui s'achevaient par une montagne de gâteaux et de cadeaux. Ce jour-là, les gardes républicains, habituellement si dignes dans leur uniforme, se transformaient en baby-sitters de choc. Des centaines d'enfants couraient partout, nullement impressionnés par les dorures et les rideaux en velours. Nous avions même droit à un spectacle : je découvrais ébahie Dorothée ou Chantal Goya. Pour un instant, j'étais plongée dans un monde magique, bruyant, joyeux, et léger.

Au milieu de ce chaos, Mitterrand ne manquait pas de faire une apparition majestueuse. À son passage, on ne faisait pas la révérence mais c'était tout comme :

la déférence qu'il inspirait m'impressionnait. Pourquoi se contorsionnait-on autant pour s'approcher de lui ? Je revois le sourire affable et spontané qu'il esquissa lorsque mon père me présenta. Après une douce caresse sur ma joue, il me sembla bien plus gentil que ce que j'imaginais.

Danielle, chaleureuse et gaie, assistait à la représentation et veillait à ce que tous les enfants repartent avec leurs étrennes. Elle se montrait familière et attentive à mon égard, et je me sentais à l'aise à ses côtés. Dix ans plus tard, elle m'invita à venir à son bureau, me questionnant d'une voix protectrice et compréhensive. Je fus surprise qu'elle s'intéresse à moi, adolescente un peu égarée. Elle me fit comprendre que je pouvais compter sur elle, malgré la désertion parentale, malgré son statut officiel, malgré la maladie de son mari. On pouvait donc être humaine dans ce monde si âpre : ce sera sa force et son point faible.

Le regard prévenant de Danielle compensait l'attitude plus rigide de son auguste époux qui incarnait tellement la fonction suprême qu'il semblait détaché de tous et de tout, affichant une amabilité convenue. Je ne serai jamais envoûtée par lui, malgré son intelligence, malgré sa culture, et malgré l'espoir qu'il a su éveiller. Peut-être à cause de cet espoir justement. Il incarnait la France et la politique, ce pourquoi mes parents avaient déserté le nid. Mais mon respect absolu était de mise, et la considération, implicite.

À l'issue de ces festivités, mon père ne me trouvait jamais parmi toutes ces têtes blondes tumultueuses. Heureusement, sa dévouée et fidèle secrétaire savait toujours où me repêcher. Prévenante à mon égard, Mlle Vidal avait pris une place essentielle dans ma vie : elle passait à mon père mes messages, toujours très importants et urgents. Je l'aimais car elle ne me regardait pas comme un mini adulte mais comme une enfant, à qui elle répétait inlassablement : « Comme tu es mignonne ! » Et j'adorais ça. J'avais envie de la croire.

En attendant que mon père, toujours sérieux et inquiet, termine ses affaires urgentes, je dessinais sur les dépêches officielles, confortablement installée à son bureau, avant de rentrer encore tout étourdie. Je retrouvais ma mère étonnée par tant d'ébahissement. La magie de Noël c'était mon quart d'heure d'innocence et de gâterie. J'avais eu le droit d'être heureuse et gaie, comme tous les autres enfants.

Un autre privilège que je savourais tout particulièrement avec la « carte magique » de la présidence : permettre à mon père de m'attendre à la descente d'avion. À partir de huit ans, je prenais seule des longs courriers pour retrouver ma famille au Venezuela. Je détestais l'avion : chaque turbulence me donnait mal au cœur, je passais le vol agrippée aux accoudoirs, sans rien pouvoir avaler, priant pour que l'atterrissage ne me fasse pas trop mal aux oreilles. J'y eus ma première crise de claustrophobie et de longs moments d'angoisse. Ma seule récompense était la présence inébranlable de mon père, à la sortie de cette maudite carlingue, tout disposé à me faire un câlin. Parfois je filais même la première, avant les autres voyageurs. C'était alors mon héros, qui m'attendait là où personne d'autre n'avait accès, et qui me délivrait de cette épreuve. J'avais ensuite le trajet en voiture jusqu'à la maison pour lui raconter toutes mes aventures. Avant que le quotidien ne recommence et que la politique ne reprenne le dessus. Une fois franchi le seuil de la porte, je savais que ma mère allait l'entretenir d'affaires d'État. Les vacances étaient vraiment finies.

Mon père revendiquait avec aplomb être « le meilleur papa de France ». Il prétendait même garder très précieusement la médaille dans un coffre-fort secret. Considérant avec dédain tous ces « hochets de la République », que certains de ses amis lorgnaient pourtant avec convoitise, il déclarait avec emphase que cette décoration, difficilement arrachée au prix d'une concurrence féroce, était des plus exceptionnelles. On donne la Légion d'honneur à tout le monde. Il est même très dur d'y échapper, sauf pour les gens qui se lèvent tôt, travaillent dur, et gagnent le SMIC. Mais la décoration du « meilleur papa de France » était encore plus sélecte que celle du « meilleur ouvrier de France ». Le pensait-il vraiment ou était-ce de l'auto-persuasion positive, ou la simple expression de son narcissisme ? Je faisais en tout cas semblant de le croire, mi-amusée, mi-inquiète à son sujet.

J'ai très vite compris que mes parents s'efforçaient de donner ce qu'ils pouvaient : une ouverture sur le monde, un sens critique, une discipline, et même de l'amour. Mon père avait juste besoin de le revendiquer plus fort que ma mère car ses efforts pouvaient être considérés comme négligeables. Pour assumer sa haute fonction paternelle, il luttait contre sa nature, ingénue, égoïste, et parfois désinvolte. Ma mère était naturellement généreuse, attentive et perfectionniste : puisque c'était spontané, c'était facile.

En semaine, mes parents se retrouvaient autour de moi vers 20 heures : mon père en profitait pour survoler *Le Monde*, terminer mon assiette, et me raconter une histoire de loups qui faisait tellement peur qu'évidemment je ne pouvais plus dormir, avant de filer à un dîner officiel ou à une soirée où il allait faire le beau. Il accomplissait en trente minutes son rôle de père, partant en douce mais avec la conscience tranquille. En cas d'absence du paternel, ma mère me lisait d'autres types d'histoires : des contes féministes, la vie de Malcolm X, ou de la militante des droits civiques Fannie Lou Hamer, puis j'écoutais en guise de berceuse les chants engagés de Mercedes Sosa, cette Argentine à la voix délicate et poignante, porte-parole des défavorisés et des enfants abandonnés. « Dors, dors petit enfant noir, Pendant que ta mère est aux champs, Enfant noir, Travaillant, travaillant durement, Travaillant habillée de deuil, Travaillant en toussant, Travaillant sans être payée, Pour l'enfant noir si petit. » Puisqu'on ne me débitait pas des histoires de princesse, je n'ai jamais cru au prince charmant. Cela me fera gagner du temps plus tard.

Je n'ai aucun souvenir de mes parents faisant ensemble quelque chose pour moi ou avec moi. Lorsqu'ils se voyaient, ils ne parlaient que de politique. Je les ai rarement entendus discuter d'autre chose. Il n'y avait pas de dispute, ni de sujet léger ou intime. Ma mère analysait la situation du jour, sur un ton souvent excédé, pendant que mon père essayait de lire le journal ou de comprendre ce qu'elle disait. Parfois, il s'intéressait à mon cahier de notes, et ma mère à mes activités extrascolaires. Le reste était futilité.

Un projet commun revenait en boucle : organiser l'arrestation de Klaus Barbie en Bolivie, sujet bien plus important que de jouer à la poupée avec une enfant. La préparation de l'enlèvement, puis l'arrestation, et enfin le procès... je n'en pouvais plus de ce Klaus Barbie. Je lui en voulais d'avoir tué tous ces enfants juifs d'Izieu, mais surtout d'avoir tant accaparé les conversations parentales. Car pendant ce temps-là, personne ne s'intéressait à moi.

Cet ancien responsable de la Gestapo, qui avait fait arrêter Jean Moulin, s'était reconverti, sous le nom de Klaus Altmann, en conseiller du gouvernement bolivien dans la répression des militants de gauche. Cette double culpabilité rendait son impunité insupportable aux yeux de mes parents. En 1972, ma mère présenta à mon père Beate et Serge Klarsfeld. Ensemble, ils montèrent un projet d'enlèvement avec comme indispensable allié sur place, à La Paz, leur fidèle ami Gustavo Sánchez. Ils caressaient l'espoir de kidnapper Barbie, et de l'emmener dans le Chili d'Allende. L'opération échoua mais les intentions restèrent pugnaces. Profitant de l'élan romantique des premières années du septennat de Mitterrand, et du changement politique à la tête de la Bolivie qui fit passer Gustavo Sánchez de clandestin à vice-ministre de l'Intérieur, le projet renaquit de ses cendres. Cette fois-ci, Defferre, Mauroy, Badinter approuvèrent le projet des Debray et des Klarsfeld d'exfiltrer Barbie de Bolivie vers la France, en contournant les voies officielles.

Gustavo Sánchez monta cette opération risquée, semant les alliés de Barbie avec une doublure. L'otage arriva le 5 février 1983 à Cayenne dans un avion bolivien, puis à Lyon dans un avion français. Lors de son long procès qui me sembla interminable, Barbie ne montra aucun signe de remords. Le 5 juillet 1987, il fut condamné à perpétuité pour crime contre l'humanité. Durant quinze ans, Barbie avait été la bête noire de mes parents. Je vécus son incarcération avec un certain soulagement.

J'avais eu le droit exceptionnel de regarder la télé pour suivre son procès. La salle d'audience bondée, les témoignages de déportés, la lecture des dix-sept chefs d'accusation, son visage hermétique lors de la plaidoirie finale de son avocat maître Vergès, qui avait accrédité mon père en Amérique du Sud vingt ans plus tôt, pour sa revue *Révolution*. À onze ans je bénéficiai en direct d'un cours sur la Shoah qui ne me laissa pas indemne.

Grâce à la générosité de mes grands-parents, les livres avaient dû se pousser pour laisser place à un grand poste de télévision, que je ne pouvais allumer qu'occasionnellement, notamment pour voir *Les Mystérieuses Cités d'or* et *Capitaine Flam*, mes dessins animés favoris. Je devais me coucher après les titres du

JT, que mon père ratait rarement, et *7 sur 7* était notre messe hebdomadaire.

Lorsque c'était au tour de mon père de se rendre sur un plateau télévisé, j'insistais pour lui laver les cheveux. J'avais trop peur qu'on voie plus ses pellicules sur sa veste bleu marine qu'on ne l'écoute parler. Ses émissions passaient tard et je n'avais pas le droit de veiller pour les regarder. C'était un temps sans replay, ni même magnétoscope. Je m'endormais sereine : il me promettait même d'enfiler une chemise propre pour l'occasion. Je ne voulais pas qu'il ressemble à ses copains, aux pulls marron et puants dès les premiers jours de printemps. À force de côtoyer des « gauchos », qui avaient comme style très recherché la « craditude », l'expression vestimentaire de leur anti-establishment, je suis devenue une obsédée de la propreté, des cols immaculés et des pantalons bien repassés.

À l'école primaire, j'avais deux amis de mon âge, Boris Lyon-Caen et Jérémie Chaine, intelligents, vifs et matures. Leurs parents n'étaient bizarrement pas très inquiets d'envoyer leurs fils jouer chez moi mais je préférais aller chez eux : ils avaient tout ce que je rêvais d'avoir. Un train de vie bourgeois, des frères et des sœurs, des vacances en famille, des animaux domestiques. Leur regard pétillant et leur chaleureux sourire étaient mon réconfort. Sinon je vivais entourée d'adultes.

Ma mère m'ancra au sein de son réseau de complices, me reconstituant ainsi une famille puisque la sienne vivait loin. Je passais le week-end chez des Vénézuéliens qui avaient le sens de la fête et qui nous emmenaient parfois en vacances à Saint-Tropez : ils buvaient du champagne à l'heure du thé, mangeaient du foie gras – qu'ils appelaient tout simplement « pâté » – même en été, dans de spacieux appartements aux collections de peintures impressionnantes. Pour simplifier, j'avais décrété qu'ils étaient mes oncles et mes tantes. Certains m'appelaient « Miss

Francia ». D'autres me couvraient de bisous. Je me sentais aimée.

J'avais un faible particulier pour certains « vieux messieurs ». Julio Cortázar nous rendait visite : je prenais des photos de lui avec l'appareil de sa femme, Carol. Il avait des allures d'hidalgo et des manières de Français. Une grande douceur et sensibilité se dégageaient de lui. Je m'installais confortablement sur ses genoux avec l'impression précieuse d'être apaisée.

Nous nous rendions régulièrement chez Liber Forti, syndicaliste et homme de théâtre, qui m'apprit à compter en espagnol devant mon père, alors que, comme je l'ai déjà conté, ce dernier avait interdit qu'on me parle dans la langue de Cervantès. On ne m'expliquait pas qu'il avait joué un rôle important dans leurs tribulations latino-américaines, ainsi que dans la politique bolivienne. Je les revois l'entourant d'affection et d'attention ; j'en déduisais qu'il avait compté dans leur vie passée. Comment ? Pourquoi ? Je ne posais pas de questions, comme si leur existence avant moi leur appartenait exclusivement.

Ma mère m'emmenait aussi dîner le samedi chez le résistant et journaliste Claude Bourdet, qui pouvait rompre son long silence par une phrase foudroyante de vérité, pendant que sa compagne dévouée, Édith Perret, à la voix rauque et au port majestueux de grande actrice de théâtre, recevait les nombreux convives autour d'abondants civets. Heureusement, j'avais le droit de regarder *Fanfan la Tulipe* lorsque le repas s'éternisait.

Je n'ai compris qu'à vingt ans, en 1996, que je

dînais régulièrement chez quelqu'un d'exceptionnel. J'avais pressenti son aura – j'avais connu Lucie Aubrac chez lui –, mais ce n'est qu'à la mort de Claude, lors des hommages rendus par ses amis, que j'appris l'ampleur et la ténacité de ses engagements politiques. J'en étais confuse.

Je déchiffrais au fur et à mesure, et parfois trop tard. Au lieu de poser des questions, je me contentais de mon rôle d'accompagnatrice muette. Au mieux, ma mère me recommandait la lecture d'un pavé dont le titre m'était incompréhensible. Et mon père m'offrait les siens, puis il cessa de le faire, sans doute dissuadé par mon manque d'enthousiasme. Du haut de mon bac, je pouvais enfin lui lancer : « Tu ne te répètes pas un peu ? » « Le tableau de Guernica n'est pas au musée du Prado mais au musée d'art moderne Reina Sofía. » « As-tu vraiment besoin de faire autant de figures littéraires pour dire une telle platitude ? » Et les jours de dépit, je me mettais à souligner ce qui était erroné ou approximatif, étonnée que ce ne fût jamais relevé par les journalistes. Mes parents m'avaient au moins transmis leur sens critique.

Nous allions parfois jusqu'à Anthony, chez le directeur de thèse de ma mère, Georges Devereux, fondateur de l'ethnopsychiatrie. D'origine hongroise, devenu américain, puis français, il avait laissé son cœur chez les Mohaves, tribu amérindienne dont il devint le spécialiste. Il partageait avec ma mère le déracinement de l'exil et une curiosité insatiable. Mes après-midi chez lui me semblaient interminables et les tubes qui lui permettaient de respirer m'effrayaient, mais sa bonté et son piano me faisaient tout oublier. En 1985, j'hériterai avec fierté de son piano, et ma mère, de ses recueils de poèmes inédits. Ce legs me permettait de m'ancrer au sein d'un lignage : mon besoin d'appartenance était en partie assouvi. Mes parents étaient des électrons libres : ils jouaient à cloisonner leur vie et à en mener plusieurs en parallèle, alimentant leur penchant pour la dissimulation. Moi je cherchais la clarté, la transparence, et une place.

Mon « vieux monsieur » préféré s'appelait le comte Robert de Billy. Son amitié était mon trésor. Depuis que j'avais atteint l'âge de raison, nous avions un rituel bien établi : on me déposait le mercredi à midi trente devant son somptueux hôtel particulier de la rue de l'Université – dont la tuyauterie datait de la Révolution française, et le mobilier le plus récent de Louis XVI –, avec un gâteau que j'avais préparé avec amour. Je voulais alors être pâtissière et dominais à la perfection toutes les variantes du gâteau au yaourt et du fondant au chocolat. Nous nous installions dans le petit salon qui donnait sur un immense jardin, plus grand que la cour de récréation de mon école. J'avais le droit de tremper mes lèvres dans un verre de sauternes pendant qu'il me racontait son premier séjour en Amérique du Sud alors qu'il développait le réseau de l'aéropostale ; son amitié avec Proust et Paul Valéry ; la magnificence de l'Exposition universelle de 1937 dont Blum l'avait nommé président du comité d'accueil des personnalités latino-américaines ; sa fascination pour de Gaulle reçu « comme un dieu » à Mexico; le voyage à Paris d'Evita Perón, en 1947, dont il avait été le chevalier servant dépêché par le gouvernement français; ses missions de pilote d'avion lors de la Première Guerre mondiale. Il en garda à la jambe plusieurs blessures qui le faisaient boiter, ce qui ajoutait à ses traits fins, à ses gestes gracieux et à son allure distinguée, une dimension chevaleresque.

Il restait discret sur son engagement dans la Résistance. Il me conta sur le ton de la boutade que son château de Montrozier, dans l'Aveyron, avait été transformé en dépôt clandestin des plus belles toiles des musées français et qu'il avait pris le thé assis sur *La Joconde*. À l'issue de la guerre, sous l'impulsion du général de Gaulle soucieux de lutter contre le déclin de l'influence française dans le monde, il fonda la Maison de l'Amérique latine afin de préserver des liens privilégiés et directs entre la France et les pays du continent sud-américain. C'est de cette maison que ma mère était devenue la directrice culturelle. Elle en fit un lieu d'ouverture et de débat, alors que d'autres le voulaient sélect et hermétique, réservé aux officiels et aux ambassadeurs.

Nous passions ensuite à table, une très longue table pour notre tête-à-tête romantique. Tous les hommes influents du XXe siècle, de droite comme de gauche, furent conviés chez lui. Moi, j'avais droit à un petit traitement de faveur: sous ma serviette, je découvrais avec ravissement un «cadeau de dame», un parfum, un sac, ou un foulard. C'était «mon fiancé». J'aimais ses mains graciles, sa pâleur, ses marques de courtoisie. Et être transportée dans l'histoire et dans la sienne. Il me faisait me sentir spéciale. Pourquoi avais-je suscité son intérêt ? Le mystère reste entier. Il n'avait pas d'enfants. Compensait-il avec moi les discussions qu'il aurait souhaité tenir avec sa descendance ?

Nous avions officialisé « notre relation » auprès de mes parents qui nous retrouvaient parfois pour le café. Rares étaient les personnes qui conviaient mes parents ensemble. Certains privilégiaient leur relation avec l'intellectuel célèbre, d'autres avaient peur de commettre un impair.

En tant que président de la Maison de l'Amérique latine, il accompagnait souvent ma mère à des réceptions officielles. Il venait la chercher dans sa voiture de collection. Ces soirs-là, ma mère passait plus de temps qu'à son habitude dans la salle de bains. Je n'étais pas jalouse. Je trouvais qu'elle avait gagné au change : mon père avait vraiment l'air d'un plouc crasseux et rustre à côté de cet aristocrate aux manières de gentleman. J'étais persuadée que je me marierais un jour avec lui et que j'aurais droit, moi aussi, aux robes longues et aux baisemains. En attendant, il fallait que je me couche tôt pour aller à l'école.

Lorsque nos rendez-vous hebdomadaires étaient interrompus, pour cause de voyage, j'envoyais des cartes postales et je recevais des poèmes de son écriture élégante derrière des photos de lui en uniforme de l'ordre de Malte. Je garde précieusement sa dernière missive envoyée de son château aveyronnais : « De mon vieux donjon j'envoie tous mes affectueux souvenirs à la charmante jeune fille qui a eu la gentillesse de ne pas m'oublier quand elle était en Angleterre. De son vieil admirateur. Robert de B. » Il s'est éteint à quatre-vingt-dix-sept ans, alors que j'étais partie en séjour linguistique à Cambridge. J'en avais quatre-vingts de moins et cette perte fut mon premier drame sentimental. Il restera à jamais mon premier fiancé.

Alors que j'évoluais dans un univers cartésien et rationnel, le peintre surréaliste chilien Matta me permettait d'accéder à une dimension magique et créatrice foisonnante. Je me plongeais dans ses toiles de format immense comme dans un songe, un voyage dans le cosmos ou l'inconscient, déchiré par des couleurs phosphorescentes et vives, des forces telluriques foisonnantes. Pour une fois, le flot des mots était inutile… même si lui parlait beaucoup ! Jonglant avec les langues comme avec les mots, son esprit en ébullition passait de l'astrophysique à la littérature, de la politique à la peinture, du concept à l'image. Son regard pétillant, son rire d'enfant, son irrévérence et sa démarche nerveuse soulignaient sa vivacité jubilatoire et son sens de l'humour. Il avait la force d'attraction d'un aimant : de tous les milieux et de toutes les nationalités, on se pressait chez lui pour prendre le thé. Certains hommes politiques de gauche étaient d'ailleurs très flattés d'y être tolérés.

« Qu'est-ce que je peux faire pour que Laurencita soit bien couverte à Londres ? » écrivit-il à ma mère.

Et un magnifique manteau arriva par magie. Il aimait gâter les femmes de son entourage. Il était si complice et protecteur avec moi qu'il accepta, à ma demande, de devenir mon parrain, alors que mon père s'opposait radicalement à tout sacrement. À l'époque, il se méfiait farouchement de la religion. Il était alors très sectaire. Grâce à Matta et à un aumônier exilé chilien compréhensif, mobilisé par ma mère, je fus finalement baptisée en 1986, en l'absence de mon père, en l'église Saint-Merri. «Tu honoreras notre martyr Mgr Romero [archevêque de San Salvador, défenseur des droits de l'homme, assassiné le 24 mars 1980 puis béatifié par Jean-Paul II]», m'intima le prêtre. Après une fugue et de longues tractations, j'avais réussi mon premier acte d'affirmation. J'avais dix ans.

Trente ans plus tard, mon père affirma dans *Le Monde*, afin de justifier le baptême de mon demi-frère, auquel je n'avais pas été conviée: «Le baptême est un signe de rattachement à une tradition. Je respecte, j'aime les rites et les usages. [...] Ma fille aînée a également été baptisée. Rien n'a changé pour moi entre ces deux dates.» Je lus ces phrases d'une salle de trading à New York. La mémoire du paternel était moins fiable que le cours de la bourse. Avait-il oublié qu'il avait tout fait pour m'en empêcher? C'est sans doute ainsi qu'on se construit une image…

À l'issue de la cérémonie, Jacques d'Arthuys, le plus attachant ami de ma mère, était venu me féliciter pour «ce geste fort de rébellion». Il avait pris la place de mon parrain, retenu dans les embouteillages. On avait commencé le baptême avec Jacques, et on l'avait terminé avec Matta. J'avais donc décrété avoir deux parrains, compte tenu de la sympathique négligence des Latinos, il valait mieux se prémunir.

Jacques incarnait la figure de l'anticonformiste, sympathique et enjoué, débordant d'énergie et de bonté. De sa mère bolivienne, il avait hérité un intérêt viscéral pour l'Amérique latine, et de son père diplomate, un goût de l'aventure et du voyage. Épargné de justesse lors du coup d'État de Pinochet, il s'attachait au développement des ateliers Varan, un centre de formation au cinéma documentaire dans la droite ligne du cinéma direct dont il avait été le fondateur, en 1981, avec Jean Rouch. Attaché culturel à Rio, il mourut mystérieusement, nous laissant tous orphelins. Son sourire reste. Et le souvenir de ses fêtes féeriques données sur le toit de son appartement parisien, une terrasse construite sans l'autorisation de la copropriété. Rien que pour cela, il me fascinait : quel aplomb ! quelle audace !

Tous ces « vieux messieurs » exerçaient un certain ascendant sur mon père. En leur présence, il ne la ramenait pas beaucoup. Son ton habituellement emphatique devenait plus modeste. Et j'avoue que j'aimais ça. Ils constituaient la garde rapprochée de ma mère. Et un cocon protecteur pour moi. Ils étaient tous liés à la gauche et à l'Amérique latine ; ils avaient tous des fêlures secrètes à réparer. Et une solidarité joyeuse les unissait. Ce réseau fraternel était indéfectible, même au-delà de la mort.

Est-ce que je me suis construite contre ? Je me suis en tout cas construite grâce à ce que mes parents n'étaient pas. Et ils m'ont donné la liberté de les supplanter sans en prendre ombrage. En étaient-ils soulagés ? Mes grands-parents paternels incarnaient l'autorité morale et compensaient les manques. Ils avaient le temps, les moyens, la santé et l'envie de s'adonner pleinement à ce rôle sacré de gardien et de passeur que mes parents ne pouvaient alors assumer. Peut-être parce qu'ils ne savaient pas ce qu'ils avaient à me transmettre. Ou parce qu'ils ne savaient pas se protéger d'eux-mêmes.

J'ai mené grand train grâce à mes grands-parents : des séjours à Venise inoubliables pour assister chaque année à la *Regata Storica* ; le Festival d'Avignon à ne rater sous aucun prétexte puisque ma grand-mère en était la présidente d'honneur ; les spectacles de ballet à Garnier, suivis de soupers chez Lipp ; mon lit avec sa couette en satin ; les soles meunières de la résidence de Calais ; et beaucoup de joie et d'amour. Je déjeunais chez eux car j'étais très malheureuse à la cantine. J'y retournais après l'école jusqu'à ce que ma mère passe me prendre, en rentrant du travail. Si elle était retenue, je restais pour la nuit, avec une certaine délectation.

Les maximes de Sacha Guitry et de Chateaubriand ponctuaient nos repas toujours animés, dressés sur de belles tables avec au minimum trois fourchettes à gauche de l'assiette en porcelaine au liseré d'or. Quand on avait vécu la guerre et qu'on avait du beurre sur la table, on ne pouvait pas être accablé par la vie. J'adorais leur force vitale, leur manière d'honorer la culture française et les convenances. J'admirais aussi leur élégance : mon grand-père, en costume Arnys, ne sortait jamais sans ses gants ni son chapeau. Ma grand-mère, toujours impeccablement coiffée et maquillée, dominait la situation grâce à un port de tête altier et à ses hauts talons. Ses robes haute couture soulignaient sa silhouette élancée. Ses chemises de nuit vaporeuses, en gaze et dentelle, dignes des films de Hollywood des années 50, me faisaient croire aux contes de fées. D'autant plus qu'elle était comblée de fleurs : des admirations, des remerciements, des félicitations se traduisaient en beaux bouquets.

Vêtue des dernières créations de son fidèle ami Pierre Cardin, elle filait tous les soirs, en transports en commun, à un spectacle, parfois très avant-gardiste et en banlieue. Ma grand-mère n'avait pas de « budget taxi » depuis qu'elle n'avait plus de chauffeur, mais elle ne partait jamais sans avoir pris une coupe de champagne à 19 heures. Elle avait auparavant supervisé mes devoirs et mon solfège, puis joué au memory avec moi, tandis que mon grand-père s'affairait en cuisine.

J'adorais l'existence réglée, confortable et rassurante que je menais avec mes grands-parents dans leur appartement ordonné, clair et spacieux, où j'avais ma chambre. Le portrait de ma mère et un crucifix trônaient au-dessus de mon lit. Dans ce foyer douillet, rien de grave ne pouvait m'arriver. La fenêtre de mon grand-père donnait sur la cour de récréation de mon école, il pouvait même veiller sur moi durant la journée.

À la fin de la primaire, j'accompagnais certains soirs ma grand-mère dans ses soirées culturelles : les ballets de l'Opéra de Paris m'enchantaient. Ce langage corporel suscitait en moi des émotions fortes, et une expérience libératrice. Un rond de jambe ou une arabesque me fascinaient plus qu'un slogan politique.

Ces sorties étaient le prélude à des dîners au restaurant où ma grand-mère avait ses habitudes. Elle y faisait « son entrée » comme un acteur entre en scène. Elle était traitée avec les ménagements dus aux puissants, certains convives se levaient même pour la saluer. Elle ne buvait jamais d'eau, car « ça a mauvais goût », et se rattrapait sur le vin rouge, les viandes, et le chocolat. Mais elle ne mangeait qu'un œuf et une tomate à déjeuner pour garder sa ligne svelte. Je m'amusais beaucoup avec elle. Je l'admirais même. Sa volonté, son allure, son souci de l'ordre et des bienséances, sa vivacité m'impressionnaient. J'étais fière et heureuse d'être à ses côtés.

Mon père, lui, se rebellait contre ce train de vie

de grand bourgeois, ma mère y apportait une note d'exotisme et d'originalité, et moi j'aimais m'y lover. Mon père, je l'ai dit, aurait rêvé d'une génitrice moins encombrante – il lui en voulait encore d'avoir été pour l'Algérie française même si elle votait maintenant pour Mitterrand – et d'un géniteur plus charismatique ; moi, je rêvais d'un géniteur moins médiatique et controversé. La transmission est-elle plus facile entre la première et la troisième génération ? On évite les écueils de la rébellion et de la rivalité, pour se centrer sur le principal : les valeurs et les savoirs. Lorsque mon père publia *Contre Venise*, ma grand-mère barra le titre sur la couverture et écrivit : « Contre maman. » Elle était meurtrie mais restait digne et dévouée.

J'étais la fille de mes parents mais je me voulais surtout la petite-fille de mes grands-parents. Mes parents m'ont laissée savourer ce qu'ils ne pouvaient pas me donner et j'en ai profité sans scrupules. Au décès de mes grands-parents, le château de cartes s'effondra. La chute fut très dure. Mes parents ne m'avaient pas prévenue que ce ne serait pas éternel. J'entrai, le cœur lourd, dans le XXIe siècle. Mais j'anticipe…

Le directeur de l'école m'empêchait de garder mon doudou dans l'enceinte de son établissement moderne et gris. J'en avais déduit que c'était un homme de droite. Sans aucun doute, un complice de la police et de l'armée, un ami de tous les putschistes latino-américains. Mon doudou, que j'appelais «titi», a été mon objet fétiche indispensable jusqu'à un âge indu, mon bouclier de protection, mon compagnon irremplaçable. Cette gigoteuse douce et molletonnée offerte à ma naissance par Jane Fonda était devenue au fil du temps un morceau de tissu élimé que je traînais partout, que je malaxais à longueur de journée, sur lequel je pouvais m'endormir, et sans lequel je ne pouvais survivre.

«Titi perdu» constituait les deux mots fatidiques que mes parents redoutaient le plus : ils devaient alors interrompre leurs activités importantes pour se mettre en quête de l'objet transitionnel égaré, repasser un à un les lieux que je fréquentais, et me le rapporter en mains propres avec un air de héros triomphant, après de longues heures d'angoisse et de désespoir.

Ils n'avaient pas sauvé le tiers-monde mais ils avaient retrouvé mon titi : c'était le principal à mes yeux. Mon père avait dû se faire excuser de réunion avec le «PR» (président de la République) pour «affaire grave»; ma mère filer en douce du bureau pour «une urgence».

La garçonnière de mon père était partie en éclats suite à un attentat en juillet 1982 : Jean-Edern Hallier s'en attribua le mérite mais la police soupçonnait plutôt des groupuscules d'extrême droite. Nous étions absents lors de l'explosion de la bombe mais voir l'appartement en débris m'avait dévastée. Un inconnu laissait devant notre porte les livres de mes parents déchirés; notre voisin affichait avec véhémence son indisposition à notre égard; des coups de fil anonymes ponctuaient régulièrement nos nuits. En constatant que notre linge était systématiquement rangé dans des boîtes en carton, je questionnai ma mère : «Pour partir plus vite», me répondit-elle. Cela ne me rassurait pas beaucoup. Nous étions donc entourés d'ennemis dangereux, et d'autres moins pernicieux mais suffisamment ambitieux pour freiner le souffle nouveau que mes parents prodiguaient à la France.

Je devais me méfier, surtout si on me complimentait sur mes yeux. Je savais qu'on était plus intéressé par mon père que par moi, que je n'étais – et reste – qu'un moyen d'accéder à lui. Je me suis habituée à ce que l'attention qu'on me porte soit opportuniste, et le monde que nous fréquentions, fourbe. Je repérais ceux qui se montraient révérencieux, puis ne présentaient plus que leur dos, car nous n'étions sûrement plus assez utiles ou visibles. « Maman, ce n'est pas un ami, c'est un camarade de classe. Tu saisis la différence ? » m'explique aujourd'hui ma fille. J'aurais tant voulu être entourée uniquement d'amis. J'ai vite su qu'ils étaient rares.

La presbytocratie (« presbytocracia ») « est la vue fatiguée qu'engendre le pouvoir. Une maladie qui touche généralement ceux qui gouvernent et qui les empêche de voir ceux qu'ils croisent dans les couloirs. La guérison se produit brutalement et miraculeusement lorsque les presbytocrates perdent les élections. Ils retrouvent alors la vue et saluent, embrassent même, ceux qui étaient auparavant invisibles », explique l'ex-vice-président du gouvernement espagnol, Alfonso Guerra, une des rares personnes que j'aie connues à n'avoir jamais changé d'attitude avant, durant, et après le pouvoir. Un des hommes les plus appréciés par ses collaborateurs, et calomnié par la presse espagnole.

1986. L'année de mes dix ans fut mon *annus horribilis*. L'attentat devant Tati, tout près de chez nous, déclencha une paranoïa telle que j'étais interdite de sortie dans les magasins. La navette spatiale Challenger s'était désintégrée devant mes yeux ahuris juste après son décollage : je me souviens encore du visage de la professeure souriante qui faisait partie de l'équipage, et du long silence qui suivit la pluie de débris dans le ciel. Le nuage radioactif provenant de Tchernobyl contournait la France, ce qui fit dire à ma mère avec un air de dépit : « La propagande cubaine manipule mieux l'information que l'État français. » Malik

Oussekine était mort lors d'une manifestation pour le retrait de la loi Devaquet, rue Monsieur-le-Prince, un soir où je dormais chez mon père, à quelques mètres de là. Pourquoi ne l'avais-je pas entendu et secouru ? SOS Racisme, qui accaparait les médias avec son slogan « Touche pas à mon pote », me fit – enfin ! – comprendre que moi aussi j'étais, pour moitié, une fille d'immigrée, ce qui m'avait totalement échappé jusqu'alors. Ma mère s'était tellement francisée que je ne l'avais jamais perçue comme étrangère. Le regard des autres sur elle était pourtant tout autre. Je ne m'en rendis compte que bien plus tard. Puis il y eut la peur de l'enlèvement.

Mon père avait eu l'heureuse idée de sortir un livre dont j'étais le personnage principal – *Comète ma comète* –, qui entraîna des menaces : un cadeau magnifique, empoisonné. J'aurais préféré recevoir la maison de Barbie pour mon anniversaire. Pourquoi ses lecteurs devaient-ils être au courant que nous fréquentions assidûment le planétarium, que je l'appelais « gros pépère » et lui m'appelait « chipie », que je zozotais et suçais encore mon pouce pour m'endormir, et que je ne ressentais pas le besoin de fermer la porte des toilettes ? Heureusement, mes copains ne lisaient que *J'aime lire*.

Mon père avait quarante-six ans, et moi, trente-six de moins : il avait tardé à intégrer et révéler sa paternité. Il s'était finalement décidé à investir dans « le compte d'épargne sentiment », à rattraper le temps perdu avec sa fille, à panser ses blessures. Était-ce réparable ? L'écrit ne pouvait pas compenser le vécu, mais c'était la seule arme qu'il avait à disposition. Il ne pouvait être père sans être avant tout écrivain.

J'ai mis du temps à lire cet ouvrage ; et encore plus à le comprendre. Je fus touchée par sa lucidité, saisie par la véracité, attristée par son désarroi. Il parle de lui à travers moi : j'étais son prétexte pour se dévoiler. Moi qui avais été le témoin de ses coups de déprime et de ses fragilités, à l'âge où on aurait voulu pouvoir compter sur un superhéros à la maison. Il ne feignait pas ; il était faillible.

Le silence emboîta le pas à l'écrit : nous ne parlerons jamais de ce livre, ni de ses autres confessions intimes. Le mutisme comme contrat tacite partagé, comme rempart à la pudeur et à la décence. L'écrit deviendra notre mode de communication : il publia *La République expliquée à ma fille* et je rétorquai deux ans plus tard par *La Forja de un Rey*, mon premier livre, publié en espagnol, sur l'importance du rôle du roi Juan Carlos dans la politique espagnole. Écrire pour me faire entendre, et peut-être même respecter. Mais il ne suffit pas que l'un écrive pour que l'autre entende…

À l'âge de dix ans, l'été précédant mon entrée au collège, mon père m'annonça : « Il est temps que tu choisisses ton camp. » Afin que l'élection se fasse en pleine conscience, il m'avait concocté un programme sur mesure : je passerais le mois de juillet à Cuba et le mois d'août aux États-Unis. Rendez-vous à la fin des vacances pour faire le point : ma décision avait intérêt à être fondée. Moi qui rêvais de passer mon été à Étretat chez mon complice Jérémie qui avait la chance d'avoir une famille conformiste et accueillante...

Mes parents m'accompagnèrent à l'aéroport. Ils tombèrent sur une vieille connaissance, Max Marambio, un Chilien recruté par le régime cubain pour exécuter toutes sortes de trafics, à qui ils me confièrent, la conscience tranquille, avec quelques centaines de dollars qui assureraient ma survie au royaume du cigare. J'étais habituée à voyager seule en avion. Cette fois-ci, j'avais l'estomac encore plus noué qu'à l'accoutumée.

À mon arrivée, l'ami de mes parents disparut, avec mes dollars. Il est depuis devenu milliardaire, confortablement installé au Chili, après avoir mené un business lucratif à Cuba. J'espère qu'un jour il sera pris de remords et me rendra mon argent de poche avec les intérêts cumulés depuis plus de trente ans. Même les escrocs communistes ont une conscience. J'en reste persuadée. On ne se défait pas facilement de ses illusions.

Un beau brun me déposa dans une résidence pour invités où j'allais passer la nuit avant de rejoindre le lendemain mon groupe d'entraînement du camp de pionniers à Varadero, le plus réputé du pays. Mon espagnol était très approximatif – je l'avais finalement intégré en l'écoutant parler à la maison – et j'espérais avoir mal compris. Mon père avait évoqué un camp de vacances sur une magnifique plage où je me ferais sûrement plein d'amis. J'aurais dû être plus méfiante.

Seule dans une chambre vide, j'avais trois biscuits et un verre de lait en guise de dîner, et un vieux poste de télévision en noir et blanc avec une seule chaîne pour passer le temps. La chaleur était terrible. Pire encore : les énormes araignées velues. Si mes parents m'avaient appelée ce soir-là, je les aurais sommés de me donner les raisons d'une telle punition si imméritée. Mais il n'y avait pas de téléphone et mes parents devaient être soulagés d'avoir un été tranquille en perspective.

Le lendemain, je rejoignis comme prévu la longue plage de Varadero. Il paraît qu'aujourd'hui le Club Med a remplacé le camp de la Jeunesse communiste, établi dans des baraquements, où nous dormions dans des lits superposés en bois, protégés de moustiques voraces par des moustiquaires trouées. Une salle à manger, une cuisine, des salles de classe dénudées et un parcours d'entraînement militaire complétaient l'installation sommaire. À Orly, juste avant de monter dans l'avion, j'avais jeté un œil, médusée et envieuse, aux revues de décoration chic qui révélaient des appartements minimalistes et lumineux. Je n'imaginais pas que j'allais devoir m'habituer au stade ultime du minimalisme, regrettant même le désordre foisonnant du foyer familial. Ma mère savait faire plein de choses sauf ranger et arriver à l'heure. « Quand elle arrive à l'heure, c'est qu'elle s'est trompée d'heure », disait d'elle ma grand-mère.

J'étais la plus jeune et la seule blonde aux yeux bleus, perdue au milieu de centaines d'enfants latino-américains, communistes, sympathiques et enjoués. Ils m'apprirent les valeurs de l'amitié et de la fraternité, que j'ai rarement retrouvées ailleurs que dans les pays hispaniques.

La journée commençait aux aurores par la levée du drapeau. Chaque nationalité levait la bannière de son pays. On me proposa donc de lever le drapeau français mais je me rendis compte avec honte que je ne pouvais chantonner que le premier couplet de *La Marseillaise*. On me regarda avec suspicion… J'eus à faire face au même regard inquisiteur lorsque, deux ans plus tard, j'avouai à mes camarades de classe de mon nouveau collège catholique à Séville que je ne savais pas réciter le Notre Père en espagnol. Mes parents avaient décidément vraiment raté mon éducation.

À Cuba, mon manque de patriotisme me faisait quasiment passer pour une délinquante. Mon cas empira lorsqu'on me posa mille questions sur la Révolution française. Grâce à mes grands-parents, j'en savais plus sur la cour de Louis XIV et sur Napoléon. Les années révolutionnaires me semblaient confuses et cruelles et n'avaient pas retenu mon attention. Mon père, aussi piètre historien qu'économiste, n'avait pas pris la peine d'éveiller en moi l'intérêt pour la Ire République. Ni pour les autres d'ailleurs. On n'explique pas à un poisson les bienfaits de l'eau. Je confiais à mes compagnons ma vision approximative et simpliste des faits historiques, soulignant tout de même que Versailles était le plus beau château du monde, et que malheureusement les révolutionnaires avaient brûlé bien des chefs-d'œuvre architecturaux. Leur compassion avait des limites et j'avais touché le fond.

Je compris plus tard que j'habitais plus une langue qu'un pays. Je n'ai plaisir à lire et écrire qu'en français; l'espagnol et l'anglais resteront des langues utilitaires et fonctionnelles. J'ai une patrie littéraire qui me tient lieu de patrie tangible. Elle est très pratique, on peut l'emmener partout avec soi. Et sa force symbolique est inépuisable. Je peux me sentir chez moi partout – à l'exception de la Bolivie – en emportant Folio et Pléiade : une patrie portative.

Quand je m'exprime en espagnol, je suis plus rapide et spontanée; en français, la réflexion et le sérieux prennent le dessus. Et « l'anglais, c'est comme du chewing-gum, me disait mon parrain. Ça colle à la bouche et on ne peut plus s'en défaire. » Je reste plus complice avec mes amis polyglottes, avec qui je peux passer d'une langue à l'autre : ils ont accès à mes différents « moi ». J'oscille entre des langues, des cultures et des personnalités, m'adaptant perpétuellement à mon interlocuteur, ou au pays où je réside. Tout comme mon rapport à la langue, mon attachement au pays diffère : mon lien avec la France est plus réfléchi, avec le Venezuela il est plus viscéral. Le métissage a ses mystères.

Je n'ai pas traversé les traumatismes de la guerre et de l'Occupation ; je n'ai jamais eu à défendre ma patrie face à un envahisseur. Aurais-je résisté ou filé outre-Atlantique ? Je me suis forgée en temps de paix et avec l'Europe : plus de frontières, plus de monnaie nationale, et un pouvoir supranational abscons. Pas de quoi adhérer avec enthousiasme à une identité patriotique que je peinais à définir. Ces Cubains m'épataient par leur dévotion sans réserve. La révolution leur avait au moins insufflé un sentiment d'appartenance, rassurant et structurant. Les morts et la censure étaient le prix à payer. Un prix inacceptable. Mes parents s'étaient bien gardés de me parler de la face noire de la révolution et du rétablissement de la peine de mort par Castro. Je savais juste que chaque année « son ami Fidel » envoyait à mon père une boîte de Cohiba, qui trônait sur la table basse du salon. C'était son seul luxe : le cigare était la Rolex du guérillero, le signe d'appartenance à l'aristocratie internationale de la révolution. Tous les jours, après le déjeuner, il choisissait méticuleusement le Cohiba qu'il allait fumer, humer, rallumer, mâchouiller jusqu'au coucher.

L'odeur de la cigarette me fait fuir mais celle de l'or brun me replonge en enfance.

Au camp de pionniers, nos matinées étaient chargées d'activités qui prenaient toutes des allures de compétition. Si le communisme prêche l'égalité, un bon communiste est meilleur que les autres et doit sans cesse le prouver. Mon père prônait autant le jogging que le travail; j'ai toujours préféré la lecture et le thé vert à la transpiration. J'ai donc eu du mal à me plier à l'intense programme de formation du parfait révolutionnaire : un parcours du combattant pour s'échauffer, une course de fond en plein soleil, un cours de tir avec un fusil tellement long pour mes bras qu'il manquait de me déboîter l'épaule, et pour se reposer, un cours d'instruction militaire. J'étais alors ravie de me retrouver enfin à l'ombre mais totalement incompétente pour démonter et remonter une mitraillette en moins d'une minute.

L'après-midi, nous étions confinés dans des salles de classe pour écouter religieusement des cours de théorie, qui consistaient surtout en un culte de Fidel, de José Martí et du Che. Cuba incarnait un modèle parfait, tellement parfait qu'il irradiait de lui-même sur tous les pays du continent, qui n'allaient pas tarder à l'adopter. Ces leçons, plus éloquentes que nos cours d'instruction civique, m'éclaireront bien mieux sur l'évolution politique de l'Amérique latine que n'importe quel journal français. À Cuba, on s'attelait donc à exporter la révolution.

Lorsque Chávez prit le pouvoir au Venezuela, en 1999, je compris que les songes pouvaient devenir réalité. Cette petite île, à peine essoufflée par quarante ans de « blocus », allait mettre la main sur un des plus grands pays pétroliers du monde : un appareil productif démantelé, une société intolérante, les médias bâillonnés, des nationalisations abusives, une violence encouragée faisant de Caracas une des villes les plus dangereuses du monde, et des Cubains partout, du contrôle de sécurité à l'aéroport aux hôpitaux. Comme s'il n'y avait pas de médecins vénézuéliens compétents ni de policiers efficaces. Un hold-up intitulé « révolution chaviste » et défendu par la « vraie » gauche française, en mal de mythes exotiques et comblée par la générosité sonnante et trébuchante de Hugo Chávez, qui bénéficiait alors d'un cours du baril décuplé. La seule politique efficace de cette marionnette populiste manipulée par le régime cubain : acheter au prix fort ses soutiens politiques grâce à la manne pétrolière. Et trafiquer les machines de vote aussi, comme s'en est vanté devant moi, alors que j'étais banquière en voyage de travail, un des membres de la nouvelle élite chaviste, riche, arriviste et décomplexée, moins soucieuse du sort des pauvres que du nombre de voitures et de bouteilles de whisky dans son garage.

Plus Hugo Chávez s'emportait dans ses diatribes anticapitalistes et anti-impérialistes, singeant Fidel Castro en version péquenaud, plus le pays importait de l'essence et des denrées alimentaires des États-Unis. L'industrie pétrolière s'effondra lorsque les ingénieurs qualifiés, mais anti-chavistes, furent licenciés après une longue grève historique. Il faut avoir une solide santé mentale pour survivre au Venezuela sans devenir fou. Depuis, les Cubains exilés développent une certaine compassion à l'égard des Vénézuéliens. Cuba est une petite île des Caraïbes, a priori insignifiante en termes de taille, de population ou d'économie, mais dont le rouleau compresseur politique s'est révélé puissant. J'ai appris à ne jamais sous-estimer un Cubain…

Lors de ces cours de théorie communiste, on m'expliqua que mon père avait assidûment fréquenté le Líder Máximo et son acolyte argentin, qu'il avait même alimenté la brillante théorie révolutionnaire du foquisme grâce à un livre, et qu'il avait résisté à la torture des Yankees lors de son arrestation en Bolivie. J'avais du mal à imaginer mon paternel, un peu maladroit sur son vélo sous la pluie parisienne, en preux chevalier des infortunés, arme au poing et mitraillette en bandoulière. Sa vie avant moi recelait décidément des mystères insondables. Ces dieux en treillis avaient la capacité de hisser de simples mortels, même les plus intellectuels, blafards, nés dans le 16ᵉ arrondissement, au rang de surhommes. J'appris bien plus tard qu'ils pouvaient les rabaisser aussi rapidement qu'ils les avaient promus « *compañeros de la revolución* ». La mystification est un phénomène fragile…

À mon grand étonnement, ces révélations sur l'implication directe de mon père dans la révolution me valurent le statut de fille de héros. J'étais ravie de sortir de celui, inconfortable, d'« antipatriote », mais déçue de constater qu'il n'était associé à aucun privilège. En France, j'aurais été au moins conviée à un cocktail à l'Élysée. Je dus devenir copine avec le cuisinier pour obtenir quelques faveurs telles que manger un fruit ou, suprême récompense, du *dulce de leche*. Sinon il y avait du café au lait et des potages épais à tous les repas, sous quarante degrés à l'ombre. Alors que nous étions au bord de la mer, lorsque je demandai s'il n'y avait pas par hasard un filet de poisson au menu, on me regardait comme une extraterrestre. Visiblement, à Cuba les poissons étaient une espèce protégée. Et les fruits ne convenaient pas à la diète du bon communiste. Quelques semaines au camp de pionniers se révéleront bien plus efficaces pour l'affinement de la silhouette que tous les régimes d'été prônés par les magazines féminins.

Le soir, autour de flambées sur la plage, nous brûlions l'effigie de Ronald Reagan, et nous écoutions de la musique cubaine, une musique qui inciterait même les morts à se déhancher. Des couchers de soleil captivants – je n'en ai jamais vu de plus colorés – accompagnaient ces moments de grande communion, prélude aux attaques de moustiques nocturnes.

Un jour, je reçus la visite d'un Bolivien installé à La Havane, Gustavo Sánchez. Celui-là même dont le frère avait sauvé la vie de mon père et qui avait collaboré, en tant que vice-ministre de l'Intérieur, à l'arrestation de Barbie. Ce jour-là, j'ai cru aux miracles. Il venait prendre des nouvelles de la petite Française dont il connaissait bien les parents. Estimant que ma formation communiste avait assez duré, et constatant sûrement que je commençais à dépérir, il m'emmena à La Havane où je passai une semaine des plus extraordinaires. Je retrouvai un lit avec des draps, une chambre avec la climatisation, une cuisine avec pléthore de fruits. Mon sauveur me fit découvrir les meilleures glaces du monde, mais aussi les plus méconnues, chez Coppelia : une émotion m'envahit encore aujourd'hui en repensant à la coupe au caramel que je dégustai dans ce «palais des glaces», inauguré en grande pompe en 1966. Gustavo me raconta que, lors de la guerre du Vietnam, Fidel envoya par solidarité une cargaison de crèmes glacées aux enfants blessés et aux malades de Hanoi. Le PC vietnamien aurait préféré recevoir des armes plutôt que des glaces, qui arrivèrent plus liquides que froides à cause de la chaleur. Mais cette histoire me rendit le Líder Máximo très sympathique. Je comptais bien, dès mon retour, suggérer à mon père de convaincre le président de fournir en esquimaux tous les enfants pauvres et malheureux. Rien de tel pour remonter le moral !

J'allais me baigner à la piscine de l'hôtel Habana Libre où avaient séjourné mes parents. Je découvrais cette ville impressionnante par sa beauté et son délabrement. J'aimais tout, même faire la queue à la «Maison de l'eau» pour boire un verre d'eau, gratuitement bien sûr. Le soir, je regardais *Autant en emporte le vent*, un des films préférés de Castro. Ce fut une bonne introduction à ma prochaine destination.

En débarquant aux États-Unis, via Paris où j'eus juste le temps de vider mes poches emplies de pin's «*Viva la revolución*», l'abondance californienne me sembla obscène. Le *summer camp* de Santa Monica était bon enfant : on peignait sur des T-shirts, fabriquait des colliers, mangeait des hamburgers et faisait fondre des chamallows au-dessus du feu autour duquel nous chantonnions. Ici aussi j'assistais à la cérémonie du drapeau le matin, mais il ne s'agissait que du drapeau américain. On n'allait quand même pas sortir le drapeau français ou mexicain et réinventer la communauté des nations. De toute manière, on ne savait pas vraiment où situer la France sur une mappemonde et il était évident que tout le monde, y compris les étrangers, communierait la main droite sur le cœur en voyant resplendir la bannière étoilée dans le ciel. Et il en fut ainsi.

La visite de parcs d'attractions me sidéra, comme la taille des voitures et des portions de frites. Tout le monde affichait un grand sourire : on se devait d'être sympathiques et respectueux les uns envers les autres, voire distants. Plus d'embrassades, d'accolades et d'amples démonstrations d'amitié comme à Cuba. Un «*hi*» avec un rictus, sans bise ou poignée de main, suffisait amplement. Les rapports étaient harmonieux même s'ils étaient faux. Après une bataille d'eau, j'enlevai mon T-shirt pour le faire sécher. Je fis scandale alors que j'étais aussi plate qu'une table à repasser. Une telle pudibonderie me laissa perplexe.

J'étais confrontée à un conformisme joyeux, léger et pudique. Pour la première fois de ma vie, on n'allait pas me bassiner avec le sort des plus démunis ou la faim dans le monde. Ma seule obligation était de m'amuser avec des enfants de mon âge : pas mal du tout comme programme. Je m'y adonnai sans aucun scrupule ni mauvaise conscience. Finalement, l'affreux capitalisme pouvait être, pour certains privilégiés, *fun* et *cool*. Autant en profiter pleinement. Il ne m'en reste que des souvenirs lisses et un arrière-goût de solitude. Pas de projet commun, pas d'embrigadement, pas de solidarité. L'abondance, les barbecues et la bonne humeur sont étrangement peu fédérateurs et mémorables.

Mon retour à Paris sonna l'heure des comptes. J'expliquai à mon père qu'entre Cuba et les États-Unis j'optais pour la vieille Europe, assez modérée et confortable : on y mange bien, lit bien, dort bien. Après mes études supérieures, je ferai pourtant un choix bien différent. Pour l'heure, du haut de mes onze ans, je ne comptais vraiment pas m'engager en politique pour défendre un modèle ou son antithèse ; je voulais surtout m'attacher à des lieux, savourer un art de vivre, et profiter d'une famille, même défaillante.

À force de lever et de descendre des drapeaux pendant deux mois, j'étais devenue une spécialiste du pliage et dépliage de bannière, aptitude totalement sous-évaluée dans le cursus scolaire français mais qui exige pourtant un haut niveau de dextérité et d'organisation. Je m'étais tellement habituée à cette cérémonie matinale, sûrement taxée d'anachronisme ou de fascisme en France, qu'elle me manqua. Elle avait le mérite d'imposer dès le réveil une certaine cohésion de groupe. J'allais justement entrer au collège, avec l'espoir d'appartenir à une caste à mes yeux supérieure, celle des «normaux». À la rentrée des classes, je ne racontai pas mes vacances; j'écoutai surtout celles des autres qui me faisaient pâlir d'envie. Lorsqu'un jour je partirai un 14 juillet, vers la Bretagne, je me sentirai infiniment satisfaite, au milieu des embouteillages, de pouvoir faire, pour une fois, comme tout le monde.

Au collège, je découvris les vedettes qui fascinaient les jeunes. Lorsque j'appris que mon père avait passé une journée avec John Lennon, il gagna une aura soudaine. Il dut quand même me fournir des preuves tangibles pour lever mes doutes. S'il avait pu côtoyer une des idoles de mes copains, cela sous-entendait qu'il n'était pas si « nuuul » que ça. Je ne l'avais pas vraiment cru lorsqu'il m'avait raconté qu'il avait connu Jean-Jacques Goldman gamin, le demi-frère cadet de son ami décédé Pierre Goldman. Il m'avait présentée à France Gall et Michel Berger, de fervents mitterrandiens, mais j'avais mis cette rencontre sur le compte d'un heureux hasard. Il était déjà monté dans mon estime lorsqu'il assista, en 1984, aux funérailles d'Indira Gandhi. Je l'aurais bien accompagné pour une fois car l'Inde me fascinait. Il ne se débrouillait finalement pas si mal pour un repris de justice…

Mon père admirait Julien Gracq et quelques chefs d'État ; ma mère estimait les poètes et les artistes ; et moi, je restais sur ma réserve. Le roi d'Espagne était le seul à éveiller mon enthousiasme. Je ne manquerai pas d'expliquer comment la fille de « dangereux gauchistes » a pu terminer fan d'un roi... Hormis cette incartade, ma nature méfiante me poussait au scepticisme général : chercher la part d'ombre et les failles derrière les flashs. Pourquoi donc m'extasierais-je pour un simple mortel, juste parce qu'il est doué et médiatique ? Et a fortiori pour un homme politique. Pourquoi avaient-ils besoin d'autant de décorum et de laquais pour se sentir importants ? Pour être rassurés sur leur puissance, comme des petits garçons dans leur costume de super héros... Françoise Giroud confia, après son expérience politique : « Je n'ai jamais cru qu'un ministre, où qu'il se trouve, était en situation de transformer le cours des choses : je l'ai vérifié. »

Nos dirigeants sont-ils si impuissants ? Mon départ en Espagne me redonna confiance en la politique.

V

Les exils

J'ai six ans. Je suis au musée du Prado, tétanisée, devant *Les Ménines* de Vélasquez. Cette infante au visage blême, engoncée dans une robe d'apparat, à la distinction naturelle est si attachante. Elle doit avoir mon âge. Elle affiche un air absent alors qu'elle est l'objet de préoccupation de deux demoiselles d'honneur. Est-ce de la résignation à la fatalité de son rôle officiel ou de l'ennui ? Sa délicatesse contraste avec les traits moins harmonieux des autres personnages ; la blancheur de sa mise, avec l'austérité de la pièce aux tons lugubres. La cour y est représentée, dans sa laideur et futilité, avec ses mystères et ses jeux, sous le regard vigilant et lointain du couple souverain. Le peintre, pinceau à la main, est en train de travailler sur une toile qu'on ne voit pas. Qui regarde qui ? Leur monde était-il aussi triste et grave que le mien ?

Je suis rentrée enthousiasmée par ces vacances madrilènes. Ce n'était pas seulement l'entrain des Espagnols, le soleil franc et l'informel des tapas. Il régnait un air de liberté et de réjouissance, incarné par Juan Carlos Ier, aussi beau qu'un acteur de Hollywood, qui venait de sauver son pays d'un coup d'État, le 23 février 1981.

Juan Carlos était le plus jeune chef d'État européen, à l'allure athlétique et au charme irrésistible, qui n'avait de cesse de rompre le protocole au grand dam de ses services de sécurité qui faisaient face à la menace réelle d'ETA. Il suscitait alors sympathie et estime. Un pays tout entier lui était reconnaissant de veiller sur lui. À la mort de Franco, en 1975, la classe politique, sous l'impulsion du roi et de son pimpant Premier ministre Adolfo Suárez, avait accepté, parfois à reculons, de faire table rase du passé pour mieux construire l'avenir. Après une guerre civile sanglante, prélude de la Seconde Guerre mondiale, dont le souvenir avait été judicieusement entretenu par la dictature, l'Espagne avait miraculeusement, et contre toute attente, réussi sa transition démocratique. Un défi relevé avec virtuosité par ce souverain moderne et dynamique.

J'accrochai dans ma chambre une photo officielle du souverain en habit de gala. J'aimais l'aura majestueuse et rassurante qui se dégageait de lui. Dans une vaine tentative de me convertir à la cause socialiste, mon père remplaça le portrait royal par celui de Mitterrand, cause d'une énième fugue.

À la maison, le seul véritable conflit entre nous était politique. C'était d'autant plus grave que c'était l'unique sujet de conversation. Mon père et moi défendions chacun notre souverain et notre type de monarchie. Le mien avait refusé les pleins pouvoirs hérités de Franco, un horrible dictateur, pour les rendre au peuple, et vivait bien plus simplement qu'au palais de l'Élysée, sans cour ni faste. Puisque je lisais *Hola* dans la cuisine avec Angela, j'étais au courant de tout. Le bruit courait même que le roi prenait sa moto le soir pour faire un tour dans Madrid, incognito. Ça avait quand même plus de panache que la tournée des bouquinistes sur les quais de la Seine de Mitterrand en pardessus bleu marine. Question de génération et de vitalité. Le roi était le plus républicain des souverains ; il régnait avec les Espagnols. À la tête d'une monarchie contrariée, Mitterrand, lui, gouvernait d'en haut.

Alors que nous étions englués dans la mauvaise comédie du pouvoir, que mon père avait enterré ses illusions mitterrandiennes en quittant honneurs et fonctions, et que ma mère avait été perfidement déchargée de sa fonction à la Maison de l'Amérique latine par plus avides et sournois qu'elle, l'heure du départ sonna. En 1989, ma mère eut la bonne idée de m'emmener en Espagne, pour y vivre cette fois.

Mon père, catastrophé, s'y opposa fermement. Séville était plus proche de l'Afrique que de l'Europe et il fallait que j'étudie dans le système scolaire français, le meilleur du monde avec le japonais. Mon père a toujours eu des préjugés chevillés au corps, dont l'excellence de l'enseignement public français : il n'y avait que les rejetons de familles de droite, peu cultivés et mauvais en classe, qui fréquentaient le privé ; le statut de professeur était trop dévalorisé, notamment à cause de la féminisation de la profession, mais l'école, laïque et républicaine, était une des fiertés incontestables de la France; et sa fille devait être un pur produit de l'Éducation nationale française. Il comprendra plus tard que Jules Ferry était mort et finira par inscrire son fils dans une sélecte école privée.

Mon parrain Matta l'interpella : « Pourquoi fermes-tu les fenêtres qui s'ouvrent à ta fille ? Élizabeth lui donne accès au monde et toi, tu ne penses qu'à la confiner. » C'est ainsi qu'il dénoua la situation, qui frôlait l'affrontement judiciaire : je partirai avec ma mère, mon père, conquis par le dynamisme espagnol, finira par nous rejoindre pour s'occuper du pavillon français de l'Expo universelle alors en gestation, mes grands-parents suivront le mouvement général, et Matta fera un gigantesque mural pour la ville de Séville, ainsi que le logo de l'Institut français que ma mère allait diriger.

Je débarquai à douze ans, quand l'Espagne, enfin européenne, préparait son décollage. C'était exaltant : tout était alors en friche et tout était à construire. La volonté et l'ardeur étaient au rendez-vous de la modernité. Mes parents allaient être pris dans ce tourbillon créatif. Leur passé politique n'intéressait guère ; les Espagnols avaient eux aussi traversé leur quota de tragique, durant la guerre civile et les quarante années de dictature, et avaient appris à le dépasser. Ils avaient tout à gagner et rien à perdre. En France, c'est le contraire : on a tout à perdre et on s'accroche au passé. Je laissais derrière moi les hivers froids et la mauvaise humeur des Parisiens. Les odeurs envoûtantes de fleurs d'oranger et de jasmin eurent un effet immédiat. Je vécus quatre années à Séville, dans un enchantement permanent. Ce fut une renaissance.

Pour m'inscrire au collège, je rencontrai le directeur qui m'emmena au café du coin afin de sceller mon inscription et de m'expliquer le cursus scolaire espagnol. Les rapports étaient directs, chaleureux, rapides. Les secrétaires n'étaient même pas antipathiques. Tout le monde se retrouvait au comptoir pour avaler quelques tapas qui permettraient de tenir jusqu'à midi, qui est en fait à quinze heures en Espagne : le décalage horaire de trois heures n'est pas officiel mais réel. Plus d'agressivité, ni d'hostilité ou de curiosité à notre égard. Je pouvais, pour la première fois, déambuler seule dans la rue sans avoir peur d'être enlevée, écrasée, rackettée à la sortie du collège, ou molestée pour être la fille de mon père. J'étais juste une petite Française, qui avait faim tôt, qui se perdait facilement dans les ruelles piétonnes du quartier de Santa Cruz, et qu'on accueillait avec sympathie. Je découvris tout avec une grande avidité, prête à me fondre dans le moule sévillan et à m'immerger dans la culture andalouse, quitte à vite oublier mes racines parisiennes. Séville était mon radeau de sauvetage. On m'y fit une place, sans se soucier de l'identité de mes parents, ni même de leur bord politique. Le soulagement fut immense. À force de n'être personne, je devenais quelqu'un.

Il y a des lieux magiques, bénéfiques pour l'esprit et le corps : cette cité mauresque en fait partie. Les Sévillans ont une philosophie de la vie qui s'impose à vous comme une évidence : profiter du moment présent. C'est tellement plat et accessible que cela mériterait qu'un livre d'épanouissement personnel se penche sur le sujet. Cela nous a pris d'un coup. Le monde pouvait s'effondrer, le mur de Berlin tomber, et la gauche oublier ses valeurs, nous allions malgré tout jouir de la vie. Pourquoi nous le permettions-nous en Espagne et pas en France ? Ce n'étaient pas seulement les effets du soleil ou d'une grande demeure – j'avoue avoir contraint ma mère à louer une maison trop belle pour nous – qui amélioraient nettement notre quotidien. En partant, nous nous affranchissions d'un carcan. L'exil octroie une émancipation insoupçonnée.

À Paris, mes parents étaient prisonniers d'un système dans lequel, pour garder une place, il fallait danser la valse avec les médias, et le tango avec les réseaux d'influence et les faux amis, sans jamais trébucher sur le pied d'un envieux. Pour tenir sur la durée, on devient la caricature de soi-même. Ils tentaient de rester fidèles à leurs idéaux et de vivre debout, tout en s'accommodant des contraintes du pouvoir. Mais mes parents n'étaient pas des professionnels de la politique, pour qui la continuité d'une charge est vitale. Ils n'étaient pas prêts à mener des luttes pernicieuses pour conserver leur poste. Leurs études, leurs livres et leur réflexion l'emportaient toujours sur le chemin de croix du pouvoir, et de la courtisanerie qui y est associée. Et ils avaient cette raideur, cette éthique, partagée par Françoise Giroud : « L'État doit servir. On ne doit ni s'en servir, ni s'y asservir. »

À Séville, ma mère n'avait plus à subir les divagations amoureuses et un peu trop ostentatoires de mon père qui, en adolescent perpétuel, marivaudait pour être sûr de rester jeune et de ne pas perdre sa liberté. Il lui manquait huit centimètres de hauteur, et quatre de largeur, pour avoir des allures de comédien américain. Sa notoriété et son charme compensaient les centimètres manquants. Sans se soucier des dégâts sur sa fille, mon père avait fait de sa moustache et de son donjuanisme son image de marque, comme certains portent une écharpe rouge ou une chemise blanche grande ouverte. Il aurait pu se contenter de sa moustache mais il lui fallait plus pour parfaire le cliché de l'aventurier romantique qu'il délayait dans ses ouvrages. Ma mère et moi étions devenues des personnages de roman, à peine romancés. Pourquoi avait-il besoin de s'exhiber ainsi ? Sans femme, il perdait contenance et croyance. Des aveux de faiblesse que j'aurais préféré ne jamais lire. « Depuis que Picard et le micro-ondes existent, on n'a plus besoin de se marier », confia-t-il à la fin d'une conférence. Malgré l'invention du surgelé, il ne pouvait vivre sans présence féminine, serviable et admirative.

Ma mère retrouvait sa langue maternelle et une certaine volupté, commune à l'Andalousie et aux Caraïbes. Mon père n'avait plus à incarner l'intellectuel désabusé. Un jambon serrano découpé à la main *con arte* et dégusté sur une terrasse avec vue sur la cathédrale fait oublier n'importe quelles déconvenues. Effet garanti.

Je côtoyais dans mon quartier une faune très variée : des nobles anglais excentriques, un émir arborant autour du cou un des plus gros diamants du monde, une vieille diva italienne admirablement moulée dans des robes ajustées, des retraités soignant minutieusement les géraniums de leur patio, un consul de France prônant la laïcité au point de bouder ostensiblement la semaine sainte, des grandes familles d'aristocrates espagnols restaurant leur palais pour accueillir les touristes, une gitane me prédisant un avenir radieux.

Les vacanciers n'avaient pas encore leur circuit et les menus des restaurants n'étaient pas en anglais. Mais il y avait toujours des Français pour se scandaliser de ne pas trouver de salade niçoise ou de Perrier.

J'aurais pu me sentir isolée mais ma mère faisait maison d'hôtes : un nombre considérable de gens n'ont pas la délicatesse d'apprécier l'hôtel et ont du mal à s'aventurer au restaurant. Surtout ceux qui viennent pour des raisons professionnelles et qui empochent au passage leur défraiement. En 1992, les Français qui se rendaient à Séville avaient des missions de haute importance, en plus de celles de manger des tapas et de se dévergonder à la Feria. Des artistes, des ministres, des conseillers de ministres, des directeurs suivis de leurs adjoints : tous se pressaient pour visiter l'Exposition universelle. J'observais ce ballet de courtisans de très loin.

Je croisais mon père au petit matin : après une nuit à danser les *sevillanas* sur les bords du Guadalquivir, je rentrais avec des *churros* et du chocolat bien épais alors qu'il s'apprêtait à écrire après un expresso bien serré. Nous n'avions plus le même rythme de vie, ni les mêmes préoccupations. Je pensais à ma prochaine corrida, à ma nouvelle robe de *flamenca*, et aux beaux bruns avec qui j'allais sortir. J'étais adolescente, libre, radieuse, entourée de copains, et parfaitement intégrée. La France ne m'intéressait plus et les Français me faisaient parfois honte.

Mon père avait convié quelques amis proches du pouvoir. On fit ouvrir exceptionnellement l'Alcazar, le soir, pour ces invités de marque, compassés et condescendants. L'occasion de visiter en petit comité l'un des plus anciens palais royaux du monde était exceptionnelle. Certains, blasés par les visites de lieux prestigieux, et habitués à être traités comme de grands seigneurs qu'ils n'étaient pas, se plaignirent que le dîner tardait à venir, que leur hôte, qui n'était autre que le vice-président du gouvernement et un intime, Alfonso Guerra, ne parlait pas assez bien le français, et qu'il y avait trop d'ail ou trop d'huile d'olive dans leurs plats. L'ENA apprend-il autant l'arrogance que la gestion des affaires publiques ? Sortis de leur environnement familier, ces grands hommes devenaient des enfants gâtés insupportables. Ils constataient avec effroi que l'Espagne n'était pas la France. Au lieu de s'intéresser ou de s'adapter, ils s'en offusquaient. Ils comprenaient, agacés, que la France n'était plus un modèle pour le monde et que sa mission civilisatrice avait des limites. Napoléon s'en était rendu compte avant eux, en 1808, lorsque son grand frère, « Pepe botella », essuya le soulèvement du peuple espagnol : ce fut le premier revers militaire impérial.

J'étais adoptée par Alfonso Guerra, une figure incontournable de la vie politique espagnole, reconnu pour sa longévité mais surtout pour la fulgurance de ses analyses et son irremplaçable ironie. Cheville ouvrière de la transition démocratique, puis vice-président le plus durable du gouvernement de Felipe González et député le plus souvent réélu, il passait ses semaines à Madrid et revenait à Séville, sa ville natale, le week-end. Il devint un père supplétif, compréhensif et attentionné. Je compris grâce à lui qu'on pouvait vivre le pouvoir simplement, que tous les socialistes du monde ne demeuraient pas reclus dans un palais, entourés d'un ballet de secrétaires et de conseillers, coupés de la vie quotidienne de leurs électeurs. Alfonso ne comptait pas sur les services d'un chauffeur mais déambulait à pied, sans garde du corps, alors que les menaces de l'ETA étaient réelles. Il payait ses notes de restaurant et les passants, de manière spontanée et joviale, venaient lui parler de foot ou des prochaines élections, le critiquaient ou le remerciaient. Il venait parfois me chercher à la sortie de l'école pour m'emmener à un meeting politique. Il me racontait aussi la surveillance policière sous Franco, ses rêves adolescents de démocratie et de liberté, la rédaction de la Constitution, l'exaltation actuelle de concrétiser un grand projet pour l'Espagne.

Pourquoi la France et l'Espagne, deux pays latins et limitrophes, dirigés par la même famille politique, assumaient-ils le pouvoir de manière si opposée ? Était-ce une question de génération, de climat, de poids de l'histoire, de forme de l'État ? J'avais instinctivement choisi mon camp mais je voulais comprendre. Ce fut l'objet de mes études à venir.

Quelques hommes politiques français en visite officielle me rassuraient toutefois sur la nature de l'homme face au pouvoir. Jack Lang, irremplaçable ministre de la Culture, débarquait avec son énergie euphorisante, à l'affût de toutes bonnes idées. Contrairement à d'autres, lui qui bénéficiait pourtant d'une véritable aura en Europe grâce au succès des événements culturels qu'il avait su imposer, se montrait à l'écoute de tous et curieux de tout. Sa femme, Monique, le suivait partout avec grâce. Je me délectais de son franc-parler, de ses railleries caustiques et de son sourire chaleureux.

Jacques Chaban-Delmas, venu de Bordeaux malgré son grand âge, montrait à tous comment se comporter en homme d'État. Il se pliait scrupuleusement à un agenda chargé, même lorsque ses forces physiques diminuaient. Beau et séducteur, rapide et nerveux, avide de voir de belles Andalouses danser les *sevillanas* comme de visiter des monuments historiques, il rayonnait, attentif avec tous. «Je vais m'occuper de la petite», lança-t-il à ma mère avant de partir. Il m'offrit son livre sur de Gaulle et me parla de la France, celle qui avait résisté au fascisme, de cet esprit français indomptable, et du renouveau toujours à construire. J'eus pour la première fois la sensation de côtoyer un personnage historique, qui avait eu maille à partir avec la grande histoire et qui en était encore tout imprégné. Son ton était plein de force et ses yeux pétillants. «Il faut investir dans la jeune génération», dit-il à ma mère, en me ramenant à elle. Je reste persuadée que les Français sont passés à côté d'un grand homme. «On ne tire pas sur une ambulance», avait dit Giroud lors des élections présidentielles de 1974. Je voudrais bien voir passer de telles ambulances aujourd'hui dans le panorama politique français.

Au bout de deux ans, j'étais devenue plus sévillane que mes parents. Je leur parlais en «fragnol»; je préférais aller à la plage à Cadix chez mon ami Manu que rentrer en France pour les vacances; je faisais la queue devant la cathédrale le jour de la Saint-Ferdinand pour vénérer le corps miraculeusement conservé du roi Fernando III; j'étais devenue une spécialiste de la semaine sainte, lors de laquelle chaque *saeta* m'émouvait aux larmes; la lecture d'*El País* le dimanche matin était un moment sacré, et je ne dansais que les *sevillanas*, par principe et par goût. J'étais leur caution d'intégration, et parfois leur guide. Ils étaient chez moi.

Malheureusement, leur passé fit à nouveau irruption dans ma vie. Après l'affaire Ochoa, procès stalinien monté en 1989 par Fidel Castro pour se débarrasser de dignitaires trop encombrants, mon parrain Matta, mes parents qui étaient amis des condamnés, et bien d'autres intellectuels et artistes de gauche rompirent enfin officiellement avec le régime cubain. Deux ans plus tard, ma mère accueillit chez nous Ileana de la Guardia, la fille d'un dirigeant cubain qui avait été exécuté lors du procès et dont le frère jumeau avait été condamné à trente ans de prison, tous deux amis intimes de mes parents. Elle était accompagnée de son mari, Jorge Masetti, ancien membre de la nomenclature cubaine et fils d'un compagnon du Che. Sans me demander mon avis, j'allais donc devoir partager mon quotidien avec ces charmants inconnus, attachants et sympathiques. Une après-midi, deux hommes en uniforme, aux lunettes noires et à la carrure imposante, sonnèrent à la porte. Venaient-ils m'arrêter parce que j'avais pris deux stylos à l'Institut français ? Ou parce que j'avais oublié de rendre des livres à la bibliothèque ? À mon grand soulagement, ils venaient s'entretenir avec mes parents et les exilés cubains que nous logions. Edwy Plenel, alors au *Monde*, débarqua aussi pour les interviewer. Il ne parlait pas l'espagnol ; je lui servis de traductrice. Les abominations du régime castriste n'avaient plus de secret pour moi. Nos hôtes, après en avoir profité, en avaient payé le prix fort. La volte-face devait être douloureuse. Ils pouvaient obtenir de mes parents une aide et une générosité infinies, comptant sur leur solidarité indéfectible, moteur de la révolution à laquelle plus personne ne croyait, mais principe auquel mes parents ne pouvaient déroger.

Tandis que ces derniers enterraient leur jeunesse et acceptaient la triste réalité cubaine, moi je ne pensais qu'à m'amuser avec mes copains. Dans certaines familles, les crises sont dues à des interdictions de sortie, à la consommation de substances illicites, à des mauvais bulletins de notes. Chez nous, rien n'était interdit. Ma mère parlait ouvertement des drogues qui circulaient dans les années 60, ce qui leur fit perdre toute force d'attraction à mes yeux. Mes parents ne me donnaient pas d'heure limite lorsque je sortais le soir, ce qui me désespérait. Malgré mes injonctions répétées, ils étaient dans l'incapacité de justifier une heure plutôt qu'une autre, donc c'était à moi de juger. Je n'avais même pas à me dépêcher comme tout le monde pour être rentrée avant minuit. Ils toléraient sans rechigner des fêtes sur la terrasse de la maison. Tant qu'on ne touchait pas aux livres, qu'il y ait de l'alcool ou pas importait peu. Mon père partait chez des amis avec son manuscrit sous le bras en attendant que ça passe. Et ma mère, malgré les plaintes des voisins, préférait contenir cette jeunesse débridée chez elle que la lâcher dans la rue.

Mon père eut peur de se retrouver avec une fille espagnole. Je partis alors en pension au lycée français de Malaga : des professeurs enthousiasmants, un cadre idyllique, des amis qui le deviendront pour la vie. Cette parenthèse fut tristement courte. L'Exposition universelle terminée, je rentrai à Paris avec lui, en 1993. Ma mère, elle, poursuivait sa carrière à Madrid. L'arrachement fut traumatisant.

Me voilà établie, à seize ans, dans un studio situé sur le même palier que mon père, qui ne comptait pas se laisser perturber par une adolescente. Je n'ai pas eu à réclamer une quelconque forme d'indépendance : elle m'était offerte sur un plateau d'argent. Paris m'était devenu une ville inconnue, et le français, une langue à réinvestir. J'étais une étrangère dans mon propre pays et j'observais comme on va au zoo. Le froid et la grisaille m'engourdissaient au point que chaque sortie dans la rue, sale et morne, m'était pénible. Les garçons du lycée, maigres, pâles, fumeurs et shootés au café, ne m'intéressaient guère. Rien ne m'incitait à être une élève assidue. Encore moins à m'intégrer à la vie parisienne.

J'avais repéré dans mon livre d'histoire une photographie de mon père jeune, qui illustrait le sous-chapitre « Échec du guévarisme ». J'aurais pu m'en vanter, en tirer une certaine fierté. Je priais pour que le professeur n'ait pas le temps de traiter le sujet. J'avais tellement peur d'être repérée, cataloguée, ou pire encore questionnée. Pourquoi tant de gêne ? Je me le demande encore. Je ne voulais pas rendre des comptes pour des faits et des gestes dont je n'étais pas responsable. Et dont, en plus, je ne savais pas grand-chose. À cette époque, je ne cherchais pas à les comprendre; je préférais les camoufler. Chaque intervention médiatique de mon père devenait une chape de plomb qui s'abattait sur moi.

Ma première dissertation fut recalée : le professeur insinua que je n'en étais pas l'auteure. Ou que mon père m'avait sans aucun doute trop aidée. « Racontez quelque chose d'interdit que vous souhaiteriez faire. » Je voulais aller à La Mecque, déguisée en homme. Je venais de voir *Lawrence d'Arabie* et fabulais sur le Moyen-Orient qui accaparait l'actualité. J'adorais traîner à la bibliothèque de l'IMA et me plonger dans les livres sur l'islam. Face à cet affront, je fis grève de cours. Je me concentrai sur l'organisation d'un périple avec ma grand-mère, de la Jordanie jusqu'au Liban en passant par la Syrie, le même qu'elle avait réalisé soixante ans plus tôt en voyage de noces. Cela sera notre dernière aventure commune.

« Ton père n'aime que les communistes et les milliardaires », disait ma grand-tante. Un jour, il rencontra une milliardaire, communiste, à l'esprit aiguisé et au charme envoûtant, qui lui fut entièrement dévouée. Une profonde amitié se noua entre eux, dont je bénéficiai. La cinéaste libanaise, Randa Chahal, m'enveloppa de sa générosité fédératrice. Son intelligence émotionnelle, son ouverture d'esprit et son sens du clan compensaient les déficiences paternelles. Elle m'emmenait partout : sur ses tournages de film, dans les boutiques de l'avenue Montaigne, sur son voilier, dans ses maisons de vacances. Mes états d'âme revêtaient à ses yeux les allures d'affaires d'État. Elle m'écoutait, me nourrissait, surveillait mes fréquentations, passait du temps à choisir mon maillot de bain pour l'été et ma combinaison de ski pour l'hiver. Soucieuse de mon bien-être, vigilante et protectrice, elle était devenue le pilier de ma vie, alors dépourvue de structure et de sens. Elle est partie, trop tôt, d'un cancer.

La philosophe Blandine Kriegel et l'historien Alexandre Adler me prirent aussi sous leur aile. Ils me donnaient des cours particuliers le dimanche matin pour compenser ma désertion scolaire, m'emmenaient en vacances à Pontresina, en Engadine, où lors de longues marches à travers la montagne suisse nous déchiffrions le monde ensemble. J'étais si heureuse d'être entendue avec intérêt et tendresse. Blandine m'appelait « ma petite chérie » d'un ton maternel et me rassurait : « Tu as l'élégance de ta grand-mère, l'intelligence de ta mère, et le talent de ton père. » Je ne la croyais pas, je la savais excessive, mais c'était si bon d'être valorisée. Elle m'apprit la rigueur intellectuelle implacable, alors qu'Alexandre, souriant et nourricier, m'enseigna l'histoire comme un roman.

J'étais entourée d'intelligence insoumise et d'érudition encyclopédique. Qu'allais-je faire pour en être à la hauteur ? J'étais bonne en mathématiques mais mon père m'orienta vers un cursus littéraire. Il tenait à jour une liste de livres à lire avant la majorité et me préparait des fiches de philosophie par thème, ravi de se replonger dans ses vieux manuels scolaires. Je m'appliquais; je n'osais pas le décevoir. Alors j'essayais de comprendre la pensée nietzschéenne qui m'importait peu. «Fais la jeune fille de la maison», me répétait-il lorsqu'il recevait du monde. Et je m'attelais à passer les plats, à resservir les verres vides, et à saisir au vol les enjeux politiques du moment. Je me réfugiais la nuit dans la littérature : je pleurai au décès de la princesse de Clèves et ne pouvais plus lâcher *Les Thibault*. Je me sentais moins seule auprès d'eux.

Le 9 janvier 1996, lorsque j'appris la mort de François Mitterrand, je séchai une colle et courus chez mon père. J'étais émue aux larmes. J'avais vécu toute ma vie à travers lui et je n'étais pas prête à tourner la page si vite.

Je forçai mon père à se rendre sur-le-champ avenue Frédéric-Le Play. Il hésitait, il n'osait pas, il s'en voulait de moult diatribes inutiles. Je le pris par la main : il fallait que l'insolent rende un dernier hommage à son président. Pas par un énième article dans *Le Monde* ou un livre compliqué, mais physiquement, humainement. Les hommes se distinguent des animaux en honorant leurs morts. Il n'avait pas honoré son père, décédé six ans auparavant. Il fallait à mes yeux qu'il se rattrape avec ce père-là, celui qui lui avait donné une fonction et une position dans la société française. Ils avaient partagé tant de rêves et tant de luttes.

Nous longeâmes en silence le Champ-de-Mars avant de retrouver cette famille politique, qui fut la mienne par procuration. L'émotion m'envahit encore aujourd'hui quand je pense à cette journée d'hiver grise. Un chapitre se fermait pour nous, et pour la France. Rien de glorieux ne s'annonçait.

Après des classes prépas, qui m'apportèrent méthode et culture, je me consacrai à un mémoire sur le rôle du roi Juan Carlos Ier dans la transition démocratique espagnole. Je tenais à élucider ce que je considérais comme un exemple de grandeur et d'abnégation politique. Je préférais comprendre l'histoire, en me dirigeant vers des études en sciences humaines, plutôt que d'essayer d'agir sur son cours. Ma mention « Très bien » fut saluée d'une moue par mon père, pour qui rien n'était jamais assez bien, d'une invitation dans un bon restaurant par ma mère, et d'un magnifique coffret de produits Guerlain par ma grand-mère, qui me laissa éblouie.

Je décidai alors de partir pour le Venezuela. M'y sentirais-je plus chez moi ? Un stage d'été au *Monde* m'avait donné le goût du journalisme. Mon père décréta : « C'est une profession en perdition. » J'allais quand même voir à Caracas, au cas où…

J'arrivai en pleine campagne électorale présidentielle. Après quelques semaines à la rubrique internationale du principal journal du pays, *El Nacional*, je rejoignis une équipe de terrain spécialisée dans l'actualité des bidonvilles. Le matin, il fallait décompter les morts survenus dans la nuit suite aux rixes habituelles – à Caracas, toutes les dix-neuf minutes, une personne décède d'une mort violente –, mener des enquêtes pour en saisir les raisons que la police ignorait, parler aux témoins et aux familles, et chercher des nouvelles plus réjouissantes comme la dernière fête de quartier.

J'allais dans les maternités, voir les centaines de jeunes filles tout juste pubères accoucher de leur deuxième enfant. Aucun père n'attendait dans la salle d'attente. Mais connaissaient-elles au moins l'identité du géniteur ? Des sœurs affairées passaient en coup de vent, des jeunes grands-mères apportaient un peu de réconfort à ces filles mères déjà fatiguées, des infirmières lassées par les cris déambulaient calmement d'un lit à l'autre. Ces dispensaires publics, propres et bondés, étaient gérés par de jeunes médecins dévoués qui accomplissaient sans rechigner leur service civique obligatoire, « *la rural* » : une classe d'étudiants privilégiés se retrouvait alors en prise avec la réalité d'un pays déchiré par une inégalité criante.

J'arpentais les ruelles ravinées des bidonvilles à flanc de colline. Toujours en équipe, par peur d'être molestée. Dans des maisonnettes faites de briques et de ciment s'entassait, autour d'un téléviseur, une famille. Les façades étaient brutes mais les intérieurs parfois coquets. Le matin, je voyais partir au travail d'élégants jeunes hommes en costard-cravate, ou des femmes aux ongles manucurés et aux cheveux permanentés. Ils travaillaient en centre-ville mais restaient vivre là, branchant leur électricité sur le réseau public, et s'arrangeant pour l'eau avec les voisins. Des jésuites dévoués venaient faire classe aux plus petits.

Dès que nous arrivions, des femmes aux voix perçantes sortaient pour se plaindre. L'une d'elles se lamentait de voir de ses fenêtres les détritus s'entasser. «Pourquoi ne pas réunir les poubelles dans des sacs fermés et les descendre en bas du chemin? demandai-je naïvement. Cela serait plus facile pour les camions de venir les chercher. — C'est du travail. Les bennes doivent venir chercher les poubelles chez moi.» Je lui expliquai que même à Paris un tel service n'existait pas. Nonchalants et accablés, les habitants jetaient leurs ordures sur un terrain vague, en contrebas, sans se soucier des odeurs et des maladies. Dans ce monde de l'assistanat et de la débrouille, les femmes étaient revendicatives et courageuses ; les hommes, plus discrets, souvent saouls ou absents. Ils attendaient tous la visite des candidats aux élections avec impatience. Lequel allait leur donner le plus d'argent? «Chez moi, même les morts votent», m'assurait une petite dame sympathique qui comptait sur Chávez pour lui assurer une retraite.

Hugo Chávez incarnait le changement dans un système bipartite épuisé. Je me présentai à lui, à l'improviste, dans un restaurant. Il se leva, quand d'autres restèrent avachis, embrumés par l'alcool, et fit preuve de manières courtoises et militaires. Ce mulâtre d'une quarantaine d'années me déclara: «J'ai eu le temps de lire Victor Hugo en prison.» Pensait-il me charmer avec ce genre d'élucubration ? Cela marchera mieux avec mon père qu'avec moi, toujours sceptique à l'égard des militaires avides de pouvoir. Après son putsch raté, il avait passé deux ans derrière les barreaux. Depuis, il était à la tête d'un mouvement populaire mais n'était pas encore certain de sa victoire. Des courants de gauche le soutenaient mais les plus opportunistes tardaient encore à se rallier. Il incarnait une troisième voie, canalisant la volonté de changement d'un pays tout entier en quête de renouveau. Personne ne se méfiait de sa radicalité. Tous pensaient qu'il serait manipulable. Je lui prédis un triomphe dans les urnes et lui demandai une interview.

Son aide de camp m'appela dès le lendemain. Le rendez-vous fut fixé au domicile personnel du candidat, dans un appartement confortable de la banlieue de Caracas. L'opération séduction commença alors ; je subodorais qu'il souhaitait, comme tant d'autres avant lui, atteindre mes parents à travers moi. Je déjeunai à sa table, en tête à tête, et sous la vigilance de Simón Bolívar dont un portrait trônait sur le mur. Il me saoula de paroles.

« Bolívar n'est ni un mythe ni un saint. Il est le peuple, le rebelle. Je peux être comme lui, le nouveau *libertador* du pays. » Était-il illuminé ou trop excité ? J'hésitais à rire. Son simplisme était désarmant : « Selon Bolívar, un bon gouvernement est un gouvernement qui rend son peuple heureux. » Et ses bonnes intentions réelles : « Le peuple veut plus de moralité en politique et plus d'éducation. »

À la fin de la journée, je n'en pouvais plus d'entendre parler de ce peuple, ce collectif infaillible et passif, au nom duquel tout était invoqué. « Ne pouvons-nous pas considérer le peuple comme des citoyens, avec des droits et des devoirs, appartenant à une nation ? » lui demandai-je, en espérant qu'il change de disque. Mais, infatigable, il repartait sur Bolívar, le peuple, et son « projet historique ». J'essayai encore : « Comment susciter l'intérêt national et le sens de l'État pour éradiquer la corruption qui sévit à tous les niveaux de la société ? »

Je lâchai l'affaire. Impressionnée par son euphorie, dubitative sur son programme : serait-il l'homme providentiel qui sortirait le Venezuela de ses défaillances ? Il mettra en place, selon la formule de Juan Claudio Lechín, « un caudillisme messianique reposant sur la délinquance », une dictature narco-populiste. Un mal pour un autre... Bien plus destructeur.

Mon père se désintéressa de l'Amérique latine et l'Amérique latine se désintéressa de lui. Par ignorance et par fidélité à des idéaux qui n'existent plus, il se rallia néanmoins à quelques causes aussi grotesques que chevaleresques : le sous-commandant Marcos, ou la révolution bolivarienne de Hugo Chávez, ce que je vécus comme une trahison, comme le déni de mes origines vénézuéliennes, comme l'expression de la stupidité d'une gauche aveuglée par de bons sentiments, au détriment de la cruelle réalité.

Lorsqu'il s'égara à vanter les mérites de Chávez, notamment parce que ce dernier lui a récité du Victor Hugo lors d'un dîner privé chez Dominique de Villepin, il n'imaginait pas pour autant l'application de la révolution bolivarienne à la France. Pour un pays tropical et lointain, il applaudit : le caudillisme fait partic du folklore politique latino-américain, l'État de droit étant un détail vite oublié. Or ce pays exotique est aussi le mien : j'y ai ma famille, des amis, des souvenirs d'enfance, des expériences professionnelles, un rapport irrationnel qui m'attache à lui, un lien du sang qui ne se dissout pas avec le temps ni l'éloignement géographique. Le Venezuela n'est pas un lieu d'expérience politique pour divertir la gauche française confortablement attablée dans les meilleurs restaurants parisiens alors que l'on ne trouve plus là-bas papier toilette ou médicaments. Ce n'est pas une théorie, c'est un vécu et une souffrance. Les manifestations qui se terminent par des bains de sang, les emprisonnements arbitraires, la torture, les pénuries : un pays en perdition, en proie au « sadisme d'État », selon la juste expression d'Axel Gylden. Pour mon père, l'Amérique latine constitue une aventure passagère qui lui a valu la notoriété ; pour moi, c'est une réalité qui coule dans mes veines. L'attachement aux principes démocratiques ne devrait pas être l'apanage des pays européens. Certains n'ont toujours pas compris que la guerre froide était terminée et que le Coca-Cola coule à flots à La Havane.

Sa nostalgie lui bande les yeux. Pour ne pas voir mes enfants grandir, je reste persuadée que la machine à laver rétrécit leur linge. C'est la faute de cette satanée modernité, sûrement pas de l'évolution naturelle des choses. En politique, c'est pareil : pour ne pas voir le monde évoluer, on reste sensible aux arguments éternels, aux scénarios avec les mêmes bons et les mêmes méchants. C'est rassurant comme une ritournelle. On devrait accoler à certains hommes politiques l'étiquette « périmé au-delà de la date limite de l'an 2000 ». Le XXe siècle est attachant mais trop de dogmatisme limite la capacité d'adaptation. Les dinosaures ont fini par disparaître de la surface de la Terre. Et chez mon père, les ordinateurs prennent la poussière. On s'était pourtant donné du mal pour connecter le Minitel et j'avoue avoir beaucoup frimé adolescente avec le Bi-Bop. Puis tout est allé trop vite. Du haut de ses sept ans, mon fils gère instinctivement sa tablette avec dextérité alors que mon père se demande encore comment l'allumer. C'est très injuste.

Il s'inquiète de la décadence de la France, passant du flamboyant homme d'influence, qui a pris les armes avant d'arpenter les couloirs des palais de la République, entre trois essais, deux maîtresses et cent complices, à «Schtroumpf grognon» qui pond des pamphlets entre trois arbres, deux chevaux et cent courtisans. L'avenir serait-il donc si peu prometteur au point de ne pas l'investir?

Depuis mon départ d'Espagne, je n'avais plus de chez moi. Mes affaires étaient disséminées ; je laissais des reliques chez les uns et les autres, comme le petit poucet laisse des cailloux pour retrouver son chemin. Mes breloques et mes souvenirs n'inspiraient décidément aucun ménagement : du côté paternel, ils étaient au mieux récupérés ou donnés, au pire jetés ; ma mère, elle, rangeait tout dans des cartons. Heureusement que sa cave était grande. Elle n'hésitait pas non plus à se délester en inondant la nouvelle maison de mon père, où il allait fonder une famille, de vaisselle, plantes, linge, fauteuils. Moi je restais attachée à mes affaires et j'étais meurtrie face à autant d'irrespect pour la « propriété privée ». Cela devait être un reliquat de leurs années révolutionnaires. Un dédain pour l'attachement même sentimental à la chose matérielle.

Après ma parenthèse vénézuélienne – et pour ne pas revenir en France, pour sortir de mon carcan littéraire, et me confronter à l'économie et à la finance, décriées par mon père mais fondamentales à mes yeux –, je partis pour Londres poursuivre mes études à la London School of Economics. La publication de mon mémoire d'histoire en Espagne me permit de décrocher une bourse et de prendre mon indépendance. Faisais-je une crise d'adolescence à retardement ? Voulais-je juste faire partie d'une jeunesse dorée et cosmopolite ? Le Quartier latin me semblait *has been* et étouffant. Outre-Manche, j'eus droit à une bouffée d'oxygène, aux sandwichs mouillés, à la débrouille entre étudiants solidaires, et à un grand désarroi face à ma première dissertation à écrire en anglais – j'avais déjà du mal à me défaire de mes hispanismes en français. Mais je retrouvais le giron maternel à chaque rhume mal soigné et à chaque déconvenue. L'oiseau volait mais restait près du nid.

Mon père me faisait peu de cadeaux. Il n'a jamais compris ce qu'on gagnait en offrant. Il m'a pourtant acheté trois années de suite *Le Père Goriot* pour mon anniversaire. Il tenait vraiment à ce que je le lise. Docile, je me suis plongée dans *La Comédie humaine*. Je ne pensais pas devoir vivre un jour un roman digne de Balzac.

Le décès de ma grand-mère fut l'occasion de révéler une face cachée des familles, une face que je n'aurais jamais voulu connaître. Mon père et son frère aîné n'avaient rien en commun mais il confia malgré tout à ce dernier la gestion de la succession de leur mère, cette femme dévouée qu'ils avaient tous deux si mal aimée. Mon père pouvait prendre les armes dans le maquis pour sauver les déshérités de l'injustice mais ne pouvait pas prendre en main les affaires familiales. Ce fut surprenant... et décevant. L'image du père fut définitivement affaiblie.

J'aurais voulu muséifier l'appartement de mes grands-parents : continuer à ouvrir les placards emplis de robes haute couture, renifler *L'Heure bleue* dans la salle de bains, m'installer dans le Eames pour lire un exemplaire de la Pléiade, aller dans la cuisine envahie de boîtes rouges Hédiard, changer les fleurs des vases Lalique, dépoussiérer le service à thé en argent Art déco. Conserver les empreintes de cette bourgeoisie éclairée, qui honorait autant la culture française que le savoir-vivre. En faire un mausolée, un lieu de pèlerinage. Mais tout fut vidé rapidement contre un gros chèque. Même ma chambre, avec mes nounours, mes jeux et mes livres d'enfant, qui avait été mon royaume et mon refuge. Et l'édition originale et reliée de la *Comédie humaine* que mon père lorgnait tant fut donnée à son neveu qui n'appréciait guère la littérature.

Mon père devenait rentier, avec tous les maux inhérents à ce confortable statut. Il prenait l'argent, mais ne gardait pas les souvenirs, ni le raffinement. Il enterrait définitivement ses parents et liquidait ses origines. Subrepticement, il s'accommodait d'une nouvelle vie, confortable, conventionnelle et bourgeoise.

Quelques jours après la mort de ma grand-mère, je suis venue photographier les lieux dans les moindres recoins. Qu'est-ce qui m'avait pris d'immortaliser même les savonnettes Guerlain empilées dans la salle de bains, ou le bouquet de roses posé sur la grande table en marbre de la salle à manger fabriquée sur mesure ? J'anticipais sûrement le désastre. Je repasse ces images doucement pour m'imprégner des détails. Des souvenirs se bousculent. Je la revois assoupie dans le Eames, sa Gauloise fumant encore dans le cendrier, un journal sur ses genoux. Je passais chez elle après mes cours, j'enlevais sur le palier mes « abominables godillots », mes tennis sales qu'elle abhorrait tant, allais dans la cuisine pour terminer la boîte de sablés anglais, descendais le couloir pour constater que décidément tout était bien en ordre, m'installais auprès d'elle dans le salon avec la presse, en attendant qu'elle se réveille, d'un coup mais confuse, heureuse de me voir et d'entamer une joyeuse discussion. Elle revenait à elle, volontaire et enjouée. Un petit coup de peigne et de rouge à lèvres, ses hauts talons, dorénavant compensés pour plus de stabilité, chaussés, et le monde était à elle. Elle m'emportait dans son sillage. Aujourd'hui, rien ne me fait plus plaisir que d'entendre parler d'elle : mon interlocuteur atteint alors les sommets de mon estime... un sommet normalement très difficile à atteindre.

Je suis plongée dans ces réminiscences comme dans un rêve. Je m'attarde sur les photos de la chambre à coucher de ma grand-mère, si claire et ordonnée. Sur sa table de chevet, je distingue un petit portrait en noir et blanc de son mari jeune et souriant, et un autre plus grand de son père. Devant ce cadre est posée une photo de moi, prise en Espagne. Je ne savais pas, je ne l'avais jamais remarquée. Malgré mes fuites successives à l'étranger, j'étais restée à ses côtés. Les larmes coulent. Je n'ai donc pas fantasmé mes liens étroits avec elle, elle qui fut ma colonne vertébrale et ma bouée de sauvetage. Personne ne pourra m'enlever cet amour-là.

J'étais seule et déçue. Jérémie Chaine, mon frère

d'âme avec qui je partageais confidences, rêves et envies, décédé trop tôt et trop brusquement d'une rupture d'anévrisme, n'était plus là pour m'accompagner dans cette épreuve. Nos vies étaient liées depuis l'école maternelle ; nos destins restés connectés malgré mes déménagements. « Tu as en moi un autre toi-même », semblaient me dire ses yeux tendres au bleu intense. Une escapade à Rome, des sentiers en Écosse, des discussions interminables au Chai de l'Abbaye, notre café préféré, un été à la découverte des sites miniers désaffectés, les baignades dans l'eau glacée d'Étretat : tout était profond et joyeux avec lui. Nous n'étions jamais très loin l'un de l'autre, toujours disponibles l'un pour l'autre. On avait tout prévu ensemble, même la retraite. Le destin en décida autrement. Le destin est salaud parfois. Et le vide était béant.

Les souffrances font grandir. Sans ma grand-mère, sans Jérémie, ma vie parisienne avait perdu toute saveur. Et j'avais vu l'homme faillir derrière le glorieux intellectuel dont l'impunité s'accroissait avec l'âge. Pourquoi devrais-je me comporter en fille alors que mon père n'agissait pas en tant que père ? Cette blessure fut ma chance. J'acquis ma liberté, allégée d'un poids qui aurait pu me contraindre. Amère mais déniaisée, je partis en 2000 m'installer de l'autre côté de l'Atlantique. Dans l'empire du sens pratique comme disait ma mère : « Ils ont même inventé le kleenex ! » me confiait-elle avec un brin d'admiration ambivalente. Là où mon père ne pouvait aller, faute de visa. Sans le savoir, il me rendit un immense service.

Je renonçai définitivement au projet, qui était une ligne de conduite depuis mon enfance, d'essayer d'être à la hauteur de l'image qu'il s'était forgée de la fille idéale. Je me mis à l'abri, à l'ombre des gratte-ciel de Manhattan. Rompre les liens me donna des ailes. L'envol fut désagréable mais on ne savoure pas sans souffrance. Un gâteau est bien meilleur après un régime.

En suivant la voie royale de l'étudiante appliquée, et grâce à l'aide de guides efficaces, je me retrouvais au cœur du réacteur : à l'époque, il n'y avait pas mieux que de décrocher un job dans une banque à New York. Mon père avait eu la politique en Amérique du Sud ; moi, j'aurais la finance aux États-Unis. Était-ce la même thérapie à un même mal-être ? Fuir sa famille et chercher ailleurs ce que la mère patrie ne peut fournir : des opportunités et de l'adrénaline. Avec ce même regard du Candide curieux sur le monde, ce même intérêt pour ce qui est complexe et ardu. La démarche était identique mais la méthode opposée. Était-ce « une infidèle fidélité » ?

Les États-Unis me comblaient dans leur globalité. Je n'avais plus à choisir entre l'Europe ou l'Amérique latine, entre la France ou l'Espagne. À Miami, je me sentais dans une Amérique latine fonctionnelle. À New York, je travaillais sur les marchés boursiers latino-américains. Je me liais d'amitié avec autant de Vénézuéliens, de Français, ou d'Espagnols. Je pouvais adopter un mode de vie français le matin, espagnol à midi, et latino le soir. Tout et tous étaient à portée de main. Et l'excitation permanente.

À New York, j'avais l'impression de vivre dans un film : les rues bondées, les sirènes qui ne cessent de retentir et les taxis jaunes qu'on alpague. J'ai aimé cette ardeur et cette efficacité, sans chichis, ni sentiments. Le respect des autres aussi, sans jugement de valeur. Je n'ai pas eu le temps de déprimer, ni de me remettre en question. Il fallait arriver aux aurores à la banque, dans ce monde grisant et aseptisé, où un sentiment de puissance un peu absurde m'envahissait.

Cette euphorie, je la devais aussi aux possibilités infinies qu'offrait ce pays multiculturel, intégrateur et flexible, à tout individu motivé. J'étais définie par mon travail ou mes ambitions, plus que par mon nom ou mes études. Et je n'avais plus peur d'échouer ou de décevoir : j'avais laissé derrière moi le regard inquisiteur de mes parents. Plus d'angoisses tétanisantes. Aux États-Unis, les erreurs font partie du processus d'apprentissage. Il n'y a pas de vie réussie sans hauts et bas : il faut tomber pour se relever, recommencer, et arriver encore plus haut. Voir grand et foncer. Les gens se montraient accessibles et ouverts : nous avions tous nos cinq minutes de chance pour convaincre et se faire une place. La jeunesse était notre atout, l'énergie notre force, peu importe si nous faisions des fautes en anglais. La confiance qu'on déposait en nous nous forçait à donner le meilleur de nous-mêmes. Le mythe rencontrait la réalité.

Au même âge mes parents faisaient la révolution. Moi, j'aimais l'implacabilité des chiffres, l'anonymat d'une salle de marché, la rudesse des relations professionnelles. Ma jungle à moi était plus luxueuse que la leur, mais elle était tout aussi éprouvante et intransigeante, les armes en moins, l'avidité en plus. Prendre le monde tel qu'il est et en tirer profit. Tout était explicite, carré, direct : pas de détours, de prises de tête académiques en trois parties, ou de scrupules. Évidemment, c'est moins glorieux que de sauver les peuples de l'injustice et de l'inégalité. Je trouvais pathétique le dédain de la gauche bien-pensante pour l'argent, et son mépris des enjeux économiques, inquiétant. Mon père ne comprenait pas pourquoi je préférais me rendre à Davos qu'à une de ses réunions de médiologie. Certains font le monde et tentent de l'anticiper ; d'autres l'analysent a posteriori. Je préférais être du côté de l'action. Alors je me coltinais des modèles Excel et des business plans, et je jouissais de petits plaisirs glamour avec mes amis, fiers de claquer nos salaires en voyages et sorties. Il a fallu le 11-Septembre pour nous réveiller.

J'ai adoré cette vie où on passe de la robe à paillettes au jogging, de la salle de sport au bureau puis au bar, où on dîne à 19 heures au restaurant car les femmes ne s'épanouissent pas par leur cuisine mais par leur carrière. Elles ne s'acharnent pas à être totales, juste efficaces. Mes parents, qui m'ont toujours donné la liberté «d'être parentée» par d'autres, furent supplantés par un banquier aussi vif que sympathique, incarnation du *self-made-man*, et son épouse, distinguée et raffinée, d'origine franco-vénézuélienne, directrice du ballet de New York. John Heimann et Maria-Cristina Anzola alliaient à eux deux charme et générosité, et m'apportèrent joie et réconfort. Dans ce tourbillon, j'avais un épicentre où me ressourcer, une amitié solide et sincère sur laquelle me reposer. Je ne pouvais pas rêver mieux comme parents d'adoption. Puis il y eut le choc des twin towers et le non-renouvellement de mon visa, qui me rappela que je n'étais qu'une invitée provisoire. Ai-je vraiment tout fait pour rester ? J'en doute parfois, frustrée par la courte durée de ce chapitre de ma vie, si formateur et libérateur. Deux années qui s'envolèrent en un coup de vent.

VI

Un père, un mari et un roi

Après un petit tour à HEC, puis au cœur de la finance, j'ai vacillé. « Tu as pour père et mère deux exemples éclatants à ne pas imiter. Il te suffira de faire tout ce qu'ils n'ont pas fait et tout ira à merveille », conseille Fitzgerald à sa fille. Pas si sûr. J'ai essayé... et le résultat ne fut pas concluant, même si tout semblait parfait : un job bien rémunéré, des sorties, des voyages, des belles robes, et un mariage (bien) arrangé avec un homme fiable qui bénéficiait de l'immense avantage d'avoir une fratrie solidaire et généreuse – à eux quatre, ils incarnaient l'homme idéal. Il m'offrait ce qui m'avait manqué : une place et une stabilité affective. Mon père s'accommoda de ce gendre scientifique et atlantiste : il ravala son antiaméricanisme, soulagé de caser sa fille si encombrante et impertinente. Mais un jour je me suis réveillée.

Un accident de voiture m'imposa de longs mois de souffrance et d'immobilité. Je fus remplacée dans la seconde au bureau : je n'étais donc pas du tout indispensable. Le sentiment d'être une rescapée vulnérable m'assaillit. Le destin m'offrait une seconde chance, quelques années de rab à ne pas gâcher. Les enfants arrivèrent et me ramenèrent à l'essentiel, détournant mon attention de mon apparence et de la superficialité. La lutte pour la vie de mon beau-frère, David Servan-Schreiber, et sa bienveillance lumineuse m'incitaient à chercher du sens là où je ne voyais qu'insécurité et instabilité. Je quittai ma vie planifiée et quelconque, soutenue par un mari mû par l'innovation et l'intelligence plus que par l'argent, et dont l'assurance tranquille finit par déteindre sur moi. Vivre avec cohérence devint mon but.

Je viens d'une famille assez naïve pour valoriser encore la recherche et l'écrit. Alors je me suis mise à faire comme eux ; je me suis finalement autorisée à écrire. Ils n'avaient pas le monopole du livre. Ma mère fut sceptique mais aidante ; mon père, lui, ne tenait pas à voir décliner la marque en sous-produits. Il reste attaché au principe de monopole : sans doute un reliquat de son passé communiste. Je suis revenue à mes premiers centres d'intérêt – l'Espagne et son roi – comme on puise à la source. Pour marquer mon terrain, mon pré carré. L'analyse, l'investigation, l'écriture, furent une ascèse et un ressourcement. Je fus fière du travail accompli, et encore plus qu'on s'y intéressât. J'eus la candide impression de réparer la méconnaissance des Français de l'histoire contemporaine espagnole ; et de me réparer aussi.

Je n'entrais plus dans aucune case. L'appartenance que j'ai toujours cherchée m'aurait-elle finalement effrayée ? Suis-je une mère au foyer parce que je vais chercher mes enfants à l'école ? Une journaliste parce que j'ai écrit une dizaine d'articles, une historienne alors que je n'enseigne pas, un écrivain pour avoir publié deux livres? Je n'ai pas voulu adopter le nom de mon mari par féminisme, mais surtout par peur qu'on me vole mon identité déjà fragile, à force d'avoir vécu dans plusieurs mondes et tissé des liens entre des univers pas toujours réconciliables. À la redoutable question : que faites-vous dans la vie? Dois-je répondre : fan du roi d'Espagne?

Je me suis toujours confinée dans un rôle d'arrière-plan, finalement confortable. Ou alors est-ce la place que mes parents m'ont donnée et à laquelle je me suis conformée ? Cette fois-ci, c'est à mon tour de poser les questions au roi, face caméra, pour un documentaire de France 3. Sortir de ma zone de confort et peut-être me brûler les ailes. Assumer de ne plus être une commentatrice passive et admirative mais son interlocutrice, pour parler de sa vie, pour comprendre son moteur et mesurer son épaisseur. Ça sera ma rencontre avec l'histoire. Allait-il être à la hauteur de mes attentes ? Allais-je enfin enterrer mes illusions de petite fille ?

Je ne suis pas en quête d'hommes providentiels. On finit par être déçu. Mon père était sorti usé de ses relations passionnelles avec le Che, Fidel, Mitterrand. Je n'ai pas eu besoin de gourou, mon beau-frère a admirablement occupé cette charge : je prends religieusement mes gélules d'oméga-3 tous les matins, aussi attentive au contenu de mon assiette qu'à ma cohérence cardiaque. Mes parents ont épousé les grands idéaux politiques pour tenter d'orienter dans le bon sens le cours de l'histoire; moi j'ai préféré m'occuper de ma santé et du bien-être de mes enfants : un choix plus égoïste, moins grandiose, qui n'empêchera sûrement pas ma progéniture d'aller se plaindre chez le psy, et moi de probablement souffrir d'un cancer, comme une personne sur quatre.

Je fus décontenancée. Après des années de recherches, mon travail d'historienne vacilla. La vérité réside finalement autant dans le fond des yeux que dans les archives : sans rencontre intime avec son sujet, ce n'est que vaines suppositions. J'imaginais le roi machiavélique et ambitieux, et j'avais en face de moi un homme discret et spontané. L'humilité est-elle un indice de grandeur ? Juan Carlos se révélera toujours modeste – il n'a fait que son devoir, dit-il –, laissant parfois son émotion affleurer. Je croyais que les hommes de cette stature étaient à l'abri de toute sensibilité. Il douta même ouvertement de lui. Un souverain ne devrait-il pas être arrogant et confiant, comme la plupart des hommes de pouvoir ? Je n'en revenais pas... Me manipulait-il ? Et quand il se montra complexé, de ne pas avoir de diplôme universitaire notamment, contrairement à son fils qui a un master d'une prestigieuse université américaine, je fus effondrée. Ne pouvait-il pas faire un effort et jouer au roi, afin de correspondre à l'image d'Épinal ? Je faillis lui faire remarquer que Felipe n'était pas non plus rentré à Normale sup, mais l'admiration pour son fils est telle que je ne me suis pas hasardée à plaisanter sur le sujet.

Juan Carlos a été l'«esclave volontaire» de son pays et de la couronne, au détriment de ses desiderata. La nation n'a pas servi ses ambitions personnelles ; il s'est mis au service de la nation. Quand le roi fait référence à l'Espagne, il lève les yeux au ciel, comme s'il invoquait un dieu tout-puissant. Je ne connais personne qui entretient ce genre de rapport avec la France. De Gaulle sûrement. Et depuis ? Le sens de l'État n'est pas à la mode. Ce n'est pas pour autant que le roi est dupe du cirque autour de lui : il a trop vécu pour croire en la comédie du pouvoir.

La couronne se transmet de père en fils, avec un lot de valeurs et de privilèges qui y sont associés. «Nous sommes les maillons d'une chaîne», m'a expliqué humblement Felipe. Un roi est à la tête d'une institution qui lui survit : il est au service d'une transcendance. Léguer cette charge sacrée à son héritier constitue un objectif et une fierté. Autant que l'héritier soit à la hauteur de la tâche : la formation est la clef. Comment apprend-on à être roi, cet emploi à vie, sans période d'essai, difficilement récusable, et qui ne prend en compte que le mérite de l'ADN ? Il n'y a pas d'ENA de la royauté, au mieux quelques précepteurs. «Par l'exemple de tes parents», poursuit Felipe. L'exemplarité est-elle le fondement de toute éducation réussie ? Felipe omet de parler de l'attention et de l'amour parentaux, mais quand on le voit avec son père, on comprend vite qu'il n'en a pas manqué.

Quand tant d'autres se battent pour rester sur les devants de la scène, Juan Carlos a fait un pas de côté. Il a choisi son heure pour partir. Ce grand geste de générosité m'impressionne. Je suis plus habituée à la bataille des ego qu'à la majesté du retrait. Accepter de vivre volontairement dans l'ombre pour que sa descendance prenne toute la lumière. En France, les ex-soixante-huitards s'agrippent à leur place de mandarin, cachent leurs cheveux blancs, et se prennent encore pour de pimpants séducteurs et des maîtres à penser qui ne se lassent pas d'avoir raison. « Le jeunisme est la maladie sénile du gauchisme », remarque Jean-Christophe Buisson. Surtout garder le pouvoir et ne pas laisser la place aux jeunes : ils ont vendu au monde leur solidarité mais agissent en grands égoïstes. Ils ont bénéficié du plein-emploi, n'ont jamais connu les affres de la précarité et profiteront des dernières retraites honorables. À force d'avoir eu des idéaux, ils laissent à leurs enfants le réchauffement climatique, une dette publique élevée, des retraites qui ne sont pas financées, le chômage de masse, un système éducatif peu performant. Sans remords, ni remise en question. Alors quand Juan Carlos déclare le jour de son abdication, le 2 juin 2014 : « Je laisse [le trône] à une génération plus jeune, avec de nouvelles énergies, décidée à entreprendre avec détermination les transformations et les réformes que la conjoncture actuelle exige, pour affronter [...] les défis de demain », je suis stupéfaite par tant d'abnégation.

Grâce à son instinct politique légendaire, il a compris qu'il ne pouvait pas être le roi dont l'Espagne du XXIe siècle a besoin. Afin de réconcilier les Espagnols avec la monarchie, Felipe régnera désormais sous le regard de son père qui se retire avec discrétion. Leur moteur commun ? Une éthique du devoir et un sens de la transcendance. Faut-il être «illuminé» pour être exemplaire ? Un homme politique pourrait-il se montrer aussi dévoué à son pays, sans être obnubilé par les privilèges et les gratifications ? Juan Carlos me répétait : « Je n'aime pas le pouvoir. » La couronne est-elle un cadeau empoisonné ? Derrière le glamour, le poids de l'État.

Huit mois après son abdication, je craignais de le voir amer et avachi ; je retrouve un homme enjoué et rajeuni. Par coquetterie, il ne porte toujours pas de lunettes. Il faudrait quand même lui dire que ce n'est pas déshonorant d'avoir un air d'intello. Il ne cherche même pas à se façonner une légende. Il veut juste jouir d'une liberté bien méritée, soulagé de ne plus porter le poids du pouvoir sur ses épaules. Je connais désormais ses travers et ses faiblesses mais je reste séduite par sa sincérité et son détachement à l'égard de son image. Il ne renie pas ses failles ; il n'essaie pas d'être autre chose que lui-même. Est-ce de l'humilité ou de la désinvolture ? Ma belle-famille remémore ses connexions passées et brillantes avec le pouvoir, mon père s'est laissé prendre par son personnage, et lui me désarçonne par son désintérêt pour sa gloire. Il a la conscience tranquille de l'homme d'action qui a agi et transmis ; les postures et les commentaires ne le soucient guère. C'est apaisant.

Encore un aller-retour pour Madrid. Je file, comme un enfant mange en cachette un bonbon. Au retour, toujours ce même sentiment de trop court m'accable. Je reviens le cœur empli de soleil et de cordialité. Je regrette vite la gentillesse des chauffeurs de taxi et des serveurs, l'agitation dans la rue même à la nuit tombée, et mon journal de qualité du matin.

Je croise par hasard Juan Chávez, un photographe vétéran de *Hola*, qui a suivi Juan Carlos et la famille royale durant presque quatre décennies. «Il fait partie de la famille», a déclaré le roi lorsque son photographe attitré a décidé de prendre sa retraite, anticipant d'une année celle du chef de l'État.

J'apprends, stupéfaite, qu'il a commencé sa carrière en se rendant à Camiri, en 1967, pour photographier un jeune intellectuel français en prison.

Un «hasard objectif».

La boucle est bouclée ; mon puzzle assemblé.

REMERCIEMENTS

Ce livre fut le fruit d'un long mûrissement.

Anne Fulda me mit le pied à l'étrier. Valérie Solvit me donna confiance et m'accompagna avec une généreuse bienveillance. Mon mari, Émile Servan-Schreiber, toléra ce deuxième livre, plus accaparant que prévu, en craignant l'adage : « Jamais deux sans trois. » Son soutien constant fut indispensable. « Mon ami de trente ans », Emmanuel Vazquez, me poussa à aller toujours plus loin, tout en veillant à ce que le fiel ne s'immisce pas entre les lignes.

Nombreux sont ceux qui apportèrent des pierres à ma réflexion. Sylvie Angel, Manolo et Cigale d'Arthuys, Pierre Baratçabal, Francis Chouraqui, Isabelle de Courson, Catherine Dolto, Caroline Eliacheff, Christophe Girard, Caroline Mangez, Mazarine Pingeot, François Vitrani et Amandine Loayza-Desfontaines, Pierre Wiaz, acceptèrent de me fournir de la documentation ou de répondre à mes questions.

Les encouragements ponctuels de Marion Khoury, Federica Matta et Flore Olive, me permirent d'élucider des doutes. Pierre Baratçabal, Marie Filippi et Boris Lyon-Caen furent des lecteurs attentionnés. Leah Pisar m'offrit une table de bureau chargée d'histoire où me concentrer. Et le fidèle accompagnement de Stéphane Dieutre et Serge Raffy fut important. Autant de témoignages d'amitié précieux.

Je suis très reconnaissante aux lecteurs bienveillants qui m'ont aidée à compléter le puzzle de cette histoire hors du commun. Francis Cavalié, Jean Cousteau, Mathieu Durand et Rémi Kauffer qui m'on fait découvrir Pierre Clostermann, Nadine Lefort des Ylouses, Pierre Olphe-Gaillard, Serge Rezvani m'ont permis de compléter la version initiale de ce livre. La quête continue…

At last but not least, mes parents ont toléré avec grâce et indulgence mon point de vue, parfois irrévérencieux, sur des sujets personnels douloureux. Ma reconnaissance est à la mesure de leur mansuétude et de leur intelligence.

Du même auteur :

Juan Carlos d'Espagne, Perrin, 2013.